統廃合だけでは対応できない!

# ポストコロナ社会の 公共施設マネジメント

庁舎・学校・図書館・公民館・避難所が変わる

南 学［編著］

学陽書房

# はじめに

本書が刊行される時点でも、全世界的なパンデミックを引き起こした新型コロナウイルスの感染は収束せずに、生命と経済に深刻な打撃を与え続けている可能性は高いと考えています。

当初は一過性と思われたコロナ禍は、20年4月に緊急事態宣言が発出されて、感染数がやや減少したにも関わらず、それ以後、第2波、第3波と感染拡大が続きました。このコロナ禍は、100年前の「スペイン風邪」以来の災禍として、中国、欧米をはじめとする主要都市のロックダウン、国境封鎖などを引き起こし、人びとの生命と社会経済への打撃は計り知れないレベルになっています。国や地方政府の行財政にも深刻な影響を与え続け、対応策はもちろん、文明論まで含めた議論が展開されている現状にあります。

この影響によって、自治体における公共施設マネジメントにも、これまでの考え方を根本から見直す必要が生じつつあります。もともと、公共施設マネジメントという政策対応が必要となったのは、経済成長期に整備された公共施設の多くが老朽化し、その維持管理・更新のための財源が不足している現状に対して、公共施設の再編成や運営管理の効率性を追求するためでした。この財政制約が、コロナ禍によって、さらに大きくなることはもちろんのこととして、もう1つの重要な課題は、まだ実質的な議論が始まっていない段階ですが、公共施設のあり方に関する根本的な見直し議論になります。

コロナウィルス感染防止のために、ヒトの動きが大きく制約されることは、税収減と対応策のために財政の逼迫をもたらし、公共施設の維持更新がさらなる困難に直面することは明白です。しかし、公共施設マネジメントにとって、それ以上に大きな課題となるのは、人びとの利用を前提に整備されてきた公共施設そのものの「あり方」となるでしょう。学校・庁舎をはじめ、人びとが集まり、利用することを目的として整備された公共施設は、その目的である「人びとが集まること」によって、コロナウィルスの感染者増加の温床になると指摘されています。避難所の密の問題も生じました。休館や休校をはじめ、施設全体あるいは一部機能の停止という対応をとったこともあり、施設そのものの機能や立地の見直しについても議論をする必要が出てきました。

インフラと言われる道路・橋梁、上下水道などの土木系構築物は経済と生活の基盤であり、その崩落などは人命にも関わる問題ともなるので、若干の縮減があっても維持されなければなりません。しかし、学校や庁舎をはじめとする「ハコモノ」と言われてきた建築物は、人が集まることが否定されることやデジタル化、AI（人工知能）の発展を前提にすれば、機能、配置、レイアウトなどが根本的に変わる可能性があります。

この公共施設の見直しは、決して否定的な側面だけではありません。最小限の施設配置と機能、さらにレイアウトなどのデザインを考えた場合には、公共施設マネジメントにおいて、施設数や配置と維持管理費を大幅に削減しつつも、住民へのサービスを最大化する方策に結びつくかもしれないのです。

本書で提起している課題は、ポストコロナ社会における公共施設マネジメントについての「序章」に過ぎません。これからの本格的な公共施設の必要性、「あり方」に関する客観的な議論に向けて、少しでも役に立てば幸いです。

2021年1月　南　学

## 本書の構成と内容、執筆担当

第１章では、新型コロナウィルスの影響がどのように公共施設マネジメントに影響をもたらすのかについて、概括的な課題提起を行いました。議論の入り口として、ぜひご一読いただきたいと思います。（執筆担当：南、齊藤）

第２章では、基礎自治体である市町村の公共施設として、面積的には概ね半分をしめる学校施設に関して、教育の目的や手法に関する基本的な議論をもとに、必要な施設のあり方や管理運営についての議論を進めるための課題提起を行いました。人類の歴史からみれば、「学校」という施設を軸に展開されてきた近代公教育は、せいぜい200年程度の短い歴史しかありません。社会経済の大きな変動の中で、初等中等教育の内容と学校施設、公共施設マネジメントとの関連についての議論の材料になればと考えています。（執筆担当：南）

第３章では、公共施設マネジメントの基本と考えられている「公民連携」の手法について、先進的な事例をもとに、留意事項について検証を行いました。成長型経済の終焉によって、資金調達も、運営管理方法も、行政と民間とが区別される時代は去り、公共サービスの的確な提供のためには、行政の公的責任と民間の運営合理性との連携が重要となっています。公共施設における施設包括管理委託や指定管理者制度、PFI手法などの活用と公民のリスク分担などについての論点を提供しました。（執筆担当：南、松永）

第４章では、公共施設マネジメントにおける行政（自治体）の縦割り組織・予算の構造を突破する手法として、横浜市が半世紀前に導入、実現したプロジェクトを軸に、戦略プロジェクト方式と企画調整機能というマネジメント手法について検証を行いました。（執筆担当：南）

第５章では、公共施設マネジメントにおいて、重要な要素となっている施設に関するデータの収集と活用と、評価の問題について、基本的な課題を検証しました。（執筆担当：松村、南）

第６章は、自治体における財政運営の基本的な構造と課題を概括しています。（執筆担当：齊藤、南）

なお、本書の内容は、月刊誌『地方財務』（ぎょうせい）に「実践　公共施設マネジメント―進化する手法」として連載された記事などを再構成し、加筆修正して書き下ろしたものです。

# 第1章 ポストコロナ社会の公共施設を考える



# 第2章 学校施設の最大限活用

## 第5章 データに基づくマネジメント

## 第6章 地方財政とマネジメント

# 第1章

# ポストコロナ社会の公共施設を考える

# 1 公共施設の存在が否定される可能性

## (1) コロナ禍による社会経済変容の影響を考える

出張や旅行先で街を歩いていると、目にする大きな建物や、田畑の中に現れる立派な建物は往々にして公共施設であることが多い。どこへ行っても整備された道路があり、川があっても、対岸に渡るときには何キロも迂回する必要がないほど多くの橋梁が整備されている。このような環境にあることが当たり前になっており、便利だということさえ忘れている。

しかし、財政、地方財政に関わる方ならば、これらを維持管理し続ける負担の大きさにどこまで耐えられるのか、という感覚を共有できるであろう。この十数年、公共施設やインフラの老朽化が目立ち、それによる事故の発生等も少なくない状況である。そして、2020年は新型コロナウイルス感染症によるパンデミックが発生し、私たちの生活スタイルが大きく変化せざるを得なくなった。

新型コロナウイルス感染拡大、特にクラスターという感染形態の判明によって、政府からは、身体的距離の確保や、３密（密閉・密集・密接）の回避といった「新しい生活様式」が呼びかけられた。突然の小中学校休校措置要請も行われ、多くの公共施設は休館となり、現在もなお利用の制限を設けているところが少なくない。緊急事態宣言下においては、飲食店や観光業での自粛要請のほか、働き方の見直しも多くの企業や行政で実践され、在宅勤務が進展した。多くの場面で、これまでのビジネスモデルであった大型化、集約化、それらに伴う効率化といった考え方は転換を余儀なくされた。

新型コロナウイルスの感染者数は、2020年４月の緊急事態宣言による自粛期間によって、一時減少傾向が見られたが、「緊急事態宣言」が解除されたのちには、東京都など大都市部や観光客が集中した沖縄県を中心に感染者数の拡大傾向が見られ、秋以後に予想されていた、いわゆる「第二波」が夏休み前に到来した。さらに、11月からは感染者や重症者、死者も急増する「第三波」に見舞われ「緊急事態宣言」が一部の都府県に再発出されたのである。マスコミの報道などで、感染者が急増する事態への緊張感が高まると、一定期間後に感染者の増加が減少し、緊張が緩むとまた増えるという「いたちごっこ」が繰り返されることが懸念されている。

当初は、コロナ禍の影響は一過性のものであり、一定期間に適切な対策を実施することで収束すると考えられていた。しかし、日本をはじめとするアジアでの一進一退、あるいは一定の収束状況（中国や台湾など）に比較して、アメリカをはじめとして、ヨーロッパ、ブラジルやアフリカ、インドなどでの感染は急拡大を続け、急遽、開発・承認されたワクチンが効果をもたらすまでは、しばらく感染が続く状況である。

このような、スペイン風邪以来の国際的なパンデミックによって、新型コロナウイルスは、短期間（一過性）ではなく、相当期間の感染継続が確実となった。そして、地球規模で様々な分野に計り知れない大きな影響を与え、社会経済の構造すらも変えてしまうパラダイムシフトが起こる可能性が高いことが議論されるようになった。

ポストコロナ社会、アフターコロナというような表現がマスコミや論壇で大きく取り上げられるようになっていること、生活スタイルの提案として「ウィズ・コロナ」というように、コロナウイルスの感染可能性を前提に、日々の暮らしや仕事を見直すことが主張されている。

多くの経済分析の論調も、また、大手企業の経営者からも、現下の危機状況はリーマンショック時を超えるほどの厳しさがあり、収束して一定の回復に至るには数年かかるという見通しを含んだコメントも散見されている。一方で、テレワーク、在宅勤務、オンライン教育や会議、印鑑文化の見直しなど、業務改革やオフィス面積の縮減などで、業界、企業間格差は生じるものの、合理的な経営に向けての改革の方向も、「DX（デジタル・トランスフォーメーション）」をはじめとする議論がなされた。つまり、悲観的な状況認識とともに、いわゆる「ニューノーマル」

という発想のもとに、ポストコロナ社会という社会変容を、一部とはいえ、ポジティブにとらえる動きも出てきている。

多くの命が奪われ、生活を破壊される事態を救い、少しでも状況を改善するような対応策が必要であるが、一方で、これまでの生活構造・様式を見直さなければならないことは確実である。この面ではいくつかの論点が提供されているが、公共施設マネジメントにおいて、ポストコロナをどのようにとらえるのかという観点から課題を俯瞰してみたい。

### (2) 公共施設マネジメントにおける２つの重要な課題

新型コロナウイルスの感染が一時的なものではなく、収束には数年かかることと、その間に、新たなウイルスの感染が発生する可能性があることを前提とすると、公共施設マネジメントにとって非常に大きな課題が提起されていることになる。

この課題には、大きな２つの面がある。第１の論点は、ヒトが集まる、あるいは、ヒトを集めることを目的とした公共施設の存在そのものの議論である。ヒトが集まること、交流することが否定されるということは、論理的には、基幹施設である学校や庁舎などをはじめ、「公の施設」（「住民の福祉を増進する目的をもってその利用に供するための施設」：地方自治法第244条）の存在が否定されることになり、このことが社会生活と行政施策に対してどのように影響するのかということを検証しなければならない。

第２の論点は、財政の問題である。もともと、公共施設マネジメントが行政課題として浮上したのは、老朽化した施設の維持管理や更新が、財政の悪化で十分な対応ができないことから、既存施設の総面積の圧縮を図らなければならないという状況認識からである。したがって、コロナ禍によって、財政状況が一段と厳しくなることが予想されているので、当然のことながら、財政問題でもある公共施設マネジメントの領域に配分される財源がさらに少なくなることで、マネジメントに大きな影響があるというものである。

### (3) 3か月に及ぶ休校、休館によって生じた施設機能への論点

第1の論点については、2020年3月から約3か月にもわたって、ほとんどの公共施設が閉じられたという、通常時では不可能な「社会的実験」がなされたことで、公共施設の存在そのものに対する大きな論点の提供がなされることになった。

中でも、2020年2月末に、突如当時の安倍首相から要請された小中学校、高校の臨時休校措置以来、大学も含めて多くの地域で6月初めの再開まで、長期間に及ぶ学校教育の空白が生じたことは大きなインパクトを与えることとなった。特に、小学校1年生は、入学式もなく、教室での授業経験、担任教員やクラスメイトとの面談もないままに、3か月の休校となったこと、卒業年度の児童生徒、学生は、卒業式という節目の行事がなくなってしまったことは衝撃を与えることとなった。

最も基本的な公共施設として機能を果たしてきた小中学校という施設に、児童生徒が通うことができなくなった。このことは、後に述べるように、どのように教育学習の場を確保し、どのような手法を開発するのかという論点が浮上した。具体的には、再開後に、児童生徒同士の社会的距離(ソーシャルディスタンス)を確保するためには、現行の標準的な教室規模・形態ではクラスの半分程度の人数しか収容できないため、体育館のように広いスペースを活用する必要があるといった例から、施設の設計はどうあるべきなのかという重要な論点が提供されたことになる。

さらには、9月入学の是非、小学校低学年では、親の就業補償の必要性が課題として提起された。また、ほとんどの大学では、入構制限が前学期中継続し、新入生は大学生活そのものが体験できずに、オンラインでの授業と課題に追われ、3年生は就職活動への取組みに大きな制約を受けることとなった。つまり、通常では、「日常生活」の一部として組み込まれている「学校」という施設内における「教育」という営みが、その場の「喪失」によって、社会全体に大きな影響を与えることが示されたのである。

公共施設マネジメントの観点から見ると、市町村の公共施設の中では最も面積割合の大きな学校が、単に面積の観点からではなく、地域社会における生活の中で大きな機能を果たしていることが示されたことで(子どもの居場所がなくなると、親の仕事や生活にも大きな影響が生じる)、学校そのものの機能はもちろん、地域社会における機能にも注目しなければならないことが判明したと考えられる。

学校以外の地域住民の利用施設においても、図書館や公民館、スポーツ施設などが「休館」対応を余儀なくされたが、長期間利用ができない状態に対して、活動の場所が必要なのかどうか、必要だとしたらどのような機能が最低限必要なのかという検討課題が浮上した。さらに、管理委託や指定管理者制度を適用している施設では、休館中における公民間の費用負担のあり方が議論されたり、集会機能を持った施設に通っていた高齢者が家に引きこもった結果として健康状態が悪くなったりした事例も指摘された。学校もそれ以外の施設も、その必要な機能と設計思想、管理運営の方法と負担区分など、根本的な「あり方」の検証が必要であることが示されたのである。

## (4) 税収の激減と大量の公債発行のもたらす影響

第2の論点である財政上の問題は、3つの課題が浮上している。1つは、コロナ禍によって大幅な税収減が予想されることであり、もう1つは、多額の赤字国債が発行されたことである。これは、感染拡大に伴う飲食店やライブハウス、商店・店舗などの休業、人々の移動が制限されることによる経済活動の減少に対する休業補償と生活保障のために発行されたものであるが、財源としては「赤字国債」しかなく、発行額は当初予算、第1次、第2次、第3次補正予算の合計で約90兆円に及ぶ。なんと当初予算総額(約103兆円)に匹敵し、国税収入(約55兆円)の倍近くとなる。経済対策としてやむを得ない面があるとしても、それを返却する将来的な税収にも期待ができないことで、財政規律の課題にもなっている。

さらに、第3の課題として、当初予算と補正予算とのバランスのあり方が議論されている。国と地方の財政は、毎年度ごとに予算を編成し、国会・議会での議決によって確定することを基本にしており、諸事情で予算額に変更が必要になったときに、補正予算を編成し議決するということが法的に決められている。しかし、2020年度の国の予算は、当初予算が約103兆円であるのだが、補正予算の合計額が約73兆円となり、通常の補正予算の水準を大きく超え、しかも、財源のほとんどが赤字国債であったことから、財政規律の問題と、予算編成のあり方の問題が指摘されるようになったのである。このような形態は緊急事態だからということで実現したが、法律的には予算編成のあり方について特別な改正を行ったわけではない。ということは、国や自治体の予算は、年度内に複数回の編成と執行を行うことも可能であり、変化の激しい社会経済状況のもとでは、年度内の複数回の「予算」により、機動的な対応を行うことも検討できることになる。

一方、歳入の原資である税収の大幅減少の予想は、2021年度の予算編成作業に先立つ主要事業の概要審査（「サマーレビュー」などとされ、税収見込みや主要事業の展開を首長と幹部職員で検討する取組み）の時期を２、３か月後ろ倒しにする自治体が多かった。また、2020年度における税収減少についても、「新型コロナウイルスの影響で東京ディズニーリゾートが長期間休業したことによる観光業の大幅な落ち込みを受けて、地元の千葉県浦安市は、今年度の市税収入が当初の予想より42億円近く少なくなる見通し」との報道事例（https://www3.nhk.or.jp/news/html/20200904/k10012599171000.html）もあり、財源対策は大きな課題となっている。

2008年の「リーマンショック」による、その年のGDPの減少は約17.８％となり、翌年の税収が約12.７％減収となったが、今回の新型コロナウイルスの蔓延によるGDPの減少は、各種の推計によると少なくとも５％は上回るという見通しが一般的なので、税収減は約13.３％以上になることが予想されている。医療や福祉、教育、災害対策、インフラの維持という基本的な社会基盤を支える費用は増えることがあっても減る傾向にはないので、公共施設、特にハコモノの維持管理、更新への財源確保は非常に厳しい課題となることは確実である。

また、税収以外に自治体の財政運営上の課題となっているのが、「財政調整基金」の枯渇である。東京都が、営業活動持続化への交付を主に、約１兆円あった財政調整基金のほとんどを支出して、その後の持続化への交付が難しくなったことが大きく報道されたが、多くの自治体でも同様の状態にある。集中豪雨や大型台風の被害は、年々大きくなる傾向にあるので、公共施設に回る積立金は、ほとんど期待できないのが実態である。

ここまで述べてきたように、ポストコロナ社会と公共施設マネジメントの関係は、施設のあり方と財源の問題として厳しい課題を提起する。次項ではそれについて、さらに具体的に検討してみよう。

# 学校教育の形態と施設の対応が変わる可能性

## (1) 3か月の休校措置は学校教育・施設のあり方の議論に

自治体（市町村）にとって、最も基本的で不可欠な施設は学校施設であるが、この施設は、当然のことながら小中学生に対する義務教育の場であり、教育の効果を最大限に発揮する場として機能させなければならない。政令指定都市を除いて、小中学校の教員は都道府県教育委員会が採用し、配置しているので、市町村の権限は学校施設の管理運営であり、直接に教育の内容に及びにくい。現行の法的構成からは、首相の要請があったとしても、休校措置を決定するのは施設を管理している市町村教育委員会の判断であるのが基本となる。つまり、ウイルス感染の危険性がないと判断できる学校施設であれば、休校の必要はなかったことになる。しかし、感染の危険性がないと判断するには、児童生徒、教員の距離の取り方、登下校や休み時間の対応など、十分な広さと設備を持った学校施設は少ないので、休校措置は感染状況との関係を判断する以前に、一律に99%に及んだという結果となった。

学校が長期間休校となったことは、特に、小学校1年生にとって、最初の教育の場が奪われたことにもなり、当面の対策は必須であるが、教育の内容・手法全体の再検討にも結びつく課題となったと考えられる。

「学校施設は教育の場」として説明されるが、その「教育の場」とはどのようなものであろうか。一般的な認識としては、教室における授業風景が思い浮かぶが、休校措置が解除されて、登校が始まったときに、ニュースで報道された児童の声は、「友だちと会えたのが嬉しかった」という内容が多かった。特に、小学校低学年の児童にとっては、学校は「授業の場」であるとともに、「友だちや教員との交流の場」という重要な位置づけであることが改めて示された。

## (2) 教育の内容や方法の議論にも発展

2020年の全国一斉の休校措置は、２月下旬に当時の安倍総理から突然に要請され、４日後の翌週から、ほとんどの学校で授業が行われなくなった。後に、教員と児童生徒を結ぶ同時双方向のオンライン指導の実施は、10％程度に過ぎなかったという調査報告（「新型コロナウイルス感染症の影響を踏まえた公立学校における学習指導等に関する状況について」（文部科学省、令和２年６月23日時点）などがあった。しかし、休校措置をとった世界各国の状況をみると、地域や学校での格差は大きいものの、以前から一部の授業でオンライン教育が取り組まれている事例も多く、いわゆる「先進国」の中では、我が国の実施割合が少なかったことも明らかになった。文科省はこれらの調査結果を受けて、３年間で小中学校に１人１台のコンピューター端末を配布する計画を前倒しにする方針を発表したが、オンライン教育をどのように進めるかの具体策は示されていない。

１人１台のコンピューター（タブレット）が前倒しで用意されても、その機器がどのように活用されるのか。学校に置かれていることが原則となることが予想されるが、そのためには、それらの機器がインターネットに接続でき、必要なソフトウエア（教材）がインストールされていなければならないし、正常に動くためには機器とソフトのバージョンアップというメンテナンスをしていなければ、役立たない。また、休校や家庭学習とのリンクを考えれば、家庭への持ち帰りも管理しなければならないし、家庭のインターネット環境が整備されていなければ学校とつながったオンライン教育は実現できない。さらに、オンライン教育を実施しても、特に、小学校の低学年では、家庭におけるチューター（主に親が担当）がいなければ、十分な効果を上げることはできない。

我が国でも、インターナショナルスクールが大都市を中心に存在しているが、そこでのオンライン教育の一部を観察することができた。公立小中学校の休校措置に対応して、インターナショナルスクールも同じ時期に休校となったが、２日後には学校（教員）と家庭とでオンライン教育がスタートしたのである。以前から、学校内の教育でタブレット端末を活用していたので、自然に移行できたという印象であった。

どのような授業形態であったか。

小学校低学年のオンライン授業風景であるが、まず、始業時間に、担任教員とそれぞれの家庭の児童が、オンラインでの朝のホームルームを20分ほど行う。教員が画面上の児童の様子を見ながら、元気か、何をしていたか、朝食はとったかなどと１人ひとりに声をかけ、児童も応答する。ホームルームが終わると、算数の授業が始まった。あらかじめ各家庭に教材がメールで送信してあり、親がプリントアウトした教材を使って、例えば「８つのケーキを３つ食べたらいくつ残るか」というような問題とイラストが描かれた教材に、計算した答えを記入させる。そのような問題を数問解かせて、その結果（答えを記入した教材）を児童自身がタブレット端末のカメラで撮り、画像データを画面上にある担任教員のフォルダーにドラッグさせることで算数の約40分の授業は終了する。教員はその画像データにある算数の解答を見て、個々の児童の進捗状況をチェックするようだ。この過程や操作は、休校以前からも一部実施されていたので、児童のタブレット端末操作には全く問題がなかった。

次の授業は美術で、画用紙に様々な広告やカレンダーなどから切り取った絵や模様を貼り付け、作品に仕上げる作業を、教員が画像で例示しながら説明し、児童に作業を促す。児童は40〜50分で仕上げて、これもタブレット端末で撮影し、教員のフォルダーにドラッグして、午前中の授業は終了し、それぞれの家庭でのランチタイムとなる。

これは、低学年の事例だが、高学年や中学生では、様々なソフトウエアや教材を活用して、クラス全員の学習テーマを設定し、その成果をチェックしながら、個々の児童生徒にアドバイスを行うようである。さらに、２か月後には、小学校１年のクラスで、児童の関心のあるテーマ（例えば、大気から雨が降り、動植物や人間社会を環流するが、途上国では水道がないところもあり、支援が重要であるというテーマ）について、数分間の動画によるプレゼンテーションでの成果発表を全員が行うというイベントもオンラインで開催され、相互に質問するという取組みもあった。もちろん、プレゼンテーション資料の作成は、親が手伝うことになるが、児童自身がGoogleの検索機能などを使って、調べながらまとめる研究活動の経験が組み込まれている。日本での一般的な教室風景（黒板の前に立つ教員に向かって、整然と机が並び、教科書に沿った板書をノートに書き写し、その内容をテストする）とは違った授業形態も存在していることを認識しなければならないだろう。

つまり、休校措置以前から、日常的に学校内でコンピューターを補助教材として、自己学習や研究、プレゼンテーションやディスカッションを組み合わせた授業を行っているので、休校になっても、学校と家庭をオンラインで結び、教育学習効果を何とか維持できるようになっているケースもあるということである。もちろん、家庭では親が管理者とチューター役として補助することになるので、休校措置の解除については親の要望も大きいし、児童生徒も学校での交流ができないことにストレスを感じるようであるが、我が国の公立小中学校の状況とは全く違う効果的なオンライン教育学習の環境が整備されていることに驚かされたのである。

### (3) ポストコロナ社会における学校教育と施設

コンピューター（タブレット）が全児童生徒に配布されれば、その機器を使った様々な教材と、コンピューターに蓄積される学習内容と評価をどのように活用するのかという課題が当然のことながら提起される。教材の選択と使い方、個々の児童生徒の学習進捗状況の把握が、教員（一部は家庭）の仕事として付加されることになり、その付加された仕事を可能にするためには、教員研修や補助機能などのサポート、増員を含む教員配置のあり方などの議論が必要となる。その議論は、施設のあり方（普通教室や特別教室、多目的室などの面積や機材、配置）、さらには通学形態（例えば週に3日間に圧縮など）にも及ぶ可能性がある。

インターナショナルスクールや、国内の一部の学校で実現している、児童生徒の自己学習を促すような教育形態が普及すれば、現行の教室の形態をはじめ、学校の施設形態そのものの見直しにも議論が広がる可能性がある。大学進学のための予備校で実践されているビデオ教材による効果的な授業と、チューターによる個別の学習指導の組合せという形態が、公立学校の教育形態にも取り入れられることもあるだろう。そうなると、第2章で展開しているように、1895（明治28）年に定められた「学校建築図説明及設計大要」のままに、教室は手元に影ができないように生徒の左側に窓を設置する片側廊下に沿った設置や、広さは四間×五間の大きさの教室を最大とするというような設計基準の見直しが行われて、学校レイアウトが根本的に変わる可能性もある。

学校という場に関しては、長期間の休校措置という「異常事態」によって、子どもへの影響が様々なメディアで語られたが、オンライン教育の実施の有無など、「教育格差」の存在が議論されたことは、学校教育における課題の深刻な実態を明らかにしたと考えられる。そもそも、未就学児への「早期教育」から始まり、音楽や芸術、スポーツなどの「情操教育」、学年が進むと進学（入試）や補習のための「塾」というように、学校外における様々な教育プログラムが提供され、それに参加する（参加料金を負担する）ことができる家庭とそうでない家庭との「格差」が大きくなっている現状にある。

「全自治体で緊急事態宣言が解除された5月25日から6月5日、内閣府が全国の15歳以上の1万128人に調査。そのうち、末子が小中高校、高専生の1274人のデータを分析した。その結果、学校から授業やメールでの学習指導などオンライン教育を受けていたのは、子どもが中学生の場合、年間収入が600万円以上の世帯が約4割に対して、600万円未満の世帯は約2割と半分ほどだった。塾や習い事など学校外でオンライン教育を受けていたのも、それぞれ約36％と約20％。オンライン教育を受けていない割合は、約34％と約55％だった（中略）。子どもが小学生、高校生の場合も開きがあった。（中略）『高収入の保護者の住む地域は、多くの家庭にネットワークや端末の環境があり、学校が対応しやすかった可能性もある』とみる。学校が提供するオンライン教育の機会の格差は、居住地が東京や愛知、大阪の三大都市圏かどうかや、親の学歴でも浮かび上がった。中学生だと三大都市圏が約41％に対して、非三大都市圏内が約23%。各都市圏のなかでも世帯収入による格差が確認された。学校外のオンライン教育は、中学生では親が大卒以上だと約45%が受けていたが、非大卒は約20%だった」(朝日新聞、2020年9月21日朝刊)

上述のような教育のあり方の議論によっては、学校施設レイアウト(教室のサイズ、オンライン教育用のスタジオ、大教室と小教室の組合わせ、学年を越えた交流の場、デジタル化、AI化された学習スペース、習熟度にあわせた個別指導の場など)についての見直しや、時代の変化に対応できるようなフレキシビリティの確保、地域住民との交流により教員効果を高める場や仕組みの検討など、従来の施設概念の見直しにもつながり、単純な面積削減という議論にはならないことは確実である。

# 3 庁舎や「公の施設」にも発想の転換が必要に

## (1) 図書館、スポーツ文化施設のあり方も問われる

学校施設以外の公共施設の中では、図書館が無作為抽出のアンケート結果で常に上位にランキングされる最も利用率の高い施設となっているが、この図書館も今回の新型コロナウイルスの感染対策として、ほとんどが休館となった。貸出サービスだけは、予約されたものを対象に、限定された受け渡し方法で行われたところもあるが、入館ができないという対応が多かった。

調査研究という、根幹的な機能を持った国立国会図書館でも、2020年3月5日から6月11日までの約3か月間の休館となり、再開後も、密集をさけるために利用は抽選となり、調査研究目的を持った利用者にとっては非常に大きな支障となっている。書籍の貸出や閲覧（滞在）、子どもへの読み聞かせが主機能となっている公立図書館でも、再開後は、閲覧、貸出、レファレンス等のサービスは再開されたものの、ウイルス感染防止の観点から会議室等の使用、読み聞かせや、各種イベントなどは中止となり、入館者数も制限されるなどの事例が多い。一方で、電子書籍の貸出（インターネット経由で配信されるので、来館の必要性はなくなる）を充実させるために、電子書籍の購入が増加しているという現象もある。

一般的認識としては、図書館は、利用者が集まっての講演や会話、長時間の飲食を目的とはしていないことから、サービスに制限があっても、基本的な機能は維持できる可能性が高い。新しい形態の実例としては、韓国の国立デジタル図書館（本が１冊もなく、電子資料をコンピューターでブラウズするデスクが並んでいる）、台北市の無人図書館（スタッフゼロで、本の貸出をセルフサービスで提供）など、従来の概念を超えた図書館が存在している。

これらの事例では、「図書館」という名称による一般的なサービスのイメージではなく、本の貸出、閲覧場所の提供、調査研究などへのレファレンス、子どもへの読み聞かせ、講演等のイベント、学習スペースの提供など、これまで行われてきたサービスについて、個別に提供の形態を考えて、必ずしも「図書館」という施設におけるサービス提供にこだわらないことも検討の余地があることになるだろう（後述のように、移動サービスという形態も検討できる）。

また、公民館などの集会施設、文化スポーツ関連施設は、原則として個人単独での利用は想定されずに、グループでの同一行動のための「場」として位置づけられている。そのため、数名の同好会から、数千、数万人規模のイベントまで、人が接触し、声を出し、長時間滞在することが主たる利用形態となる。したがって、ウイルス感染防止の観点からは否定される、あるいは、制限され、施設そのものの存在価値が否定されることになる。

特に、多額の建設費と維持費を要する大型の施設においては、コンサート等の音楽イベント、プロ野球やＪリーグのようなプロスポーツの興行は、施設関連費用とイベント興行の人件費、PR費、チケット発行や警備費などの諸費用が回収できなければ開催できない。したがって、利用率は大幅に下がることとなり、公共施設である場合には、維持管理に対して多額の税金による負担が将来にまで及ぶことになる。

さらに、付け加えなければならないのは、災害時の避難所の問題である。これまでの学校体育館や公民館の利用形態では、いわゆる「三密」を避けるためには、広さも設備も足りないことになる。毎年のように発生する大型台風や集中豪雨は、多くの被災者を生み出すが、被災者にとって安心して過ごせる避難所がほとんどないことが気になる。家族ごとのプライバシーが維持でき、更衣室やトイレ、くつろぎスペースがあり、夏の時期にシャワーが使える施設整備は、毎年のように繰り返される自然災害を考えれば必須の対策事業ではないだろうか。

## (2) デジタル化の進展で庁舎の概念も変わる可能性が

コロナ禍での大きな話題となったことの1つが、デジタル化への対応である。

オフィスでの「三密」を避けるために、時差出勤やシフト制などが議論されたが、最も大きな動きは、リモート会議、テレワーク、あるいは在宅ワークの進展であった。人事労務管理の対応におけるトラブルなどが散見されたものの、肯定的な動きとしては、通勤時間の節約ができ、仕事に集中できる、業務分担が明確になり、データなど情報の共有が効率化した、社内外の会議の日時・場所の設定が楽になったという評価があった。また、このようなテレワーク、在宅ワークの広がりによって、賃料の高い都心部のオフィス面積を減らすことによる経費節減効果も議論されるようになり、現実として、オフィス空室率が高まったり、賃料が下がったり、地方へ移転した事例も見受けられるようになった。

この動きは、政府にとっても、大きなインパクトを与え、2020年9月の「菅内閣」の発足時に、「デジタル庁」創設方針が決まるなど、公民を問わずに、これまで遅れていた日本社会のデジタル化が進む気配が出てきたと言えるだろう。

コロナ禍が行政サービスに与えた影響では、PCR検査データの報告がファックスを使用しているので時間がかかる、などの指摘があったが、最も大きなインパクトは、10万円の生活給付金の一律支給を巡るトラブルであった。

マイナンバーカードの普及が、3年を経過しても十数%にとどまっていたことで、政府は、生活給付金の支給手続きに、マイナンバーカードの使用を「オンライン化」と称して推奨した。しかし、結果的に、マイナンバーの管理体制と支給事務とのリンクが整備されていないことで、データの確認作業を「紙ベース、ヒトベース」で行うこととなり、書類での申請よりも時間がかかるため、100を超える自治体で、マイナンバーカードでの申請を中止した経緯があった。

マイナンバーカード制度は、今回のトラブルを経て、口座の紐付けや健康保険証、運転免許証の組み込みなど、普及を拡大しながら、統一のIDとして、機能強化が図られる方向での検討が始まっている。うまく普及できるかどうかは、現時点では判断ができないが、いずれにしても、デジタル化社会の展開は、AI（人工知能）の進化も含めて、ますます進む方向なので、自治体の業務にも大きな影響を与えることは確実である。

特に、庁舎を考えると、近年の新庁舎整備は、防災機能、窓口の一本化、市民交流拠点、バリアフリー、環境配慮といったキーワードで整備されているが、窓口手続きのデジタル化による一本化やオンライン化が進むと、結果的には住民が庁舎に出かける必要がなくなる方向になることは確実であり、多くの庁舎で１階にレイアウトされている窓口と待ち合わせスペースが不要になる、もしくは今後10年で極小化する可能性がある。そうなると、市民交流拠点としての機能も、庁舎が良いのか、別の拠点（分散化させれば小学校の開放という発想にもなるだろう）の整備が良いのかという判断が求められる。また、コロナ禍によって懸念される財源不足も考慮し「滋賀県湖南市の谷畑英吾市長は５日開会した市議会定例会で、複合庁舎整備事業について『新型コロナウイルス感染症対策を最優先し、いったん立ち止まる』と述べ、当面見送る意向を明らかにした。着工時期は財政状況の好転を見極めたうえで決定するという」（朝日新聞、2020年６月６日）という動きも出ている。

基本的には、庁舎を行政事務のオフィスと考えれば、単純なオフィスビル仕様で良いことになり、課ごとに設置されているカウンターも不要となり、面積を大幅に縮減することも可能である。

行政サービス、行政事務のデジタル化は、確実に進むと考えられるので、この流れの中で、庁舎や学校、さらには図書館や公民館、ホール、体育館などの機能も大きく変わることを想定する必要がある。

### (3)「公共施設の出前サービス」という発想

ヒトが集まることを否定されることで、特に、飲食店では大きな変化があった。それは、テイクアウトとデリバリーである。店舗内での飲食提供が「三密」状態をつくるために、自粛を要請されたことから、テイクアウトによる販売と、デリバリーサービスが増えたのであるが、これによって、売り上げが増えた事例も生まれた。街中に、デリバリーを扱う「Uber Eats」が目立つようになったことも1つの社会現象となった。また、これとは別に、「キッチンカー」によるサービス提供も注目を集めた。もともとは、オフィス街の昼食需要やイベント会場における飲食提供が出発点であったが、狭い店舗の場合には、限られた客にしか提供できなかった飲食を、キッチンカーを活用することで、テイクアウトのほか広場にテーブルと椅子を配置するなどして屋外での飲食ができるために、売り上げが10倍以上になった事例も見かけられるようになった。

一部のレストランでは、屋内スペースにおけるテーブルと椅子での顧客サービスよりも、キッチンカーで、テイクアウトや屋外での飲食を提供した方が、数倍の売り上げを確保できたという実績もあった。そのため、従来のレストランは厨房における「仕込み」機能に特化し、飲食の提供をキッチンカーに絞り込むという業態に転換することで、売上増と人件費削減による利益確保をはかる事例も出てきている。

このキッチンカーの事例を応用し、「公共施設の出前」という概念が成り立つ可能性が議論され始めている。つまり、既に存在している移動図書館に加えて、住民票などの証明書発行ができる移動役所、芝生の広場や屋根付きの広場を活用した移動保育園などが理論的には可能となる。さらに、電子ブックのリーダーとスナックや飲み物提供を組み合わせた移動ブックカフェも実現できるかもしれない。

また、災害対策として、避難所にキッチンカーを派遣して、暖かい食べ物や飲み物を提供するなど、移動できる機動力を前提にすれば、日常的にも様々な行政サービスに応用できる可能性が広がっている。

### (4) 過去、現在、未来を見通した財政経営が必要となる

学校施設、住民の利用施設、災害時の避難所など、ポストコロナ対策という観点からは、たとえ総面積を縮減するにしても、多額の費用を必要としているが、その財源はいかに確保できるのであろうか。

財政的な課題として、激減が予想される税収のもとで、公共施設マネジメントにどれほどの配分がなされるのかという点がある。コロナ禍における財政の最優先の課題は、人の命を守るために医療崩壊を招かないことであり、次に、感染を防ぐために「不要不急の外出自粛」を要請することによって生じた所得補償、休業補償であった。国レベルでは、90兆円もの赤字国債の発行を行うこととなり、地方でも、東京都の数千億円にも及ぶ取り崩しに代表されるように、多くの自治体で財政調整基金の減少（ほとんど枯渇状態）につながった。つまり、「補償」を行うことで、財政基盤は大きく傾いたと言えるのである。赤字国債の発行は、当然のことながら将来世代の負担を増やすことになる。長期間の施設の休止にもかかわらず、地域住民の公共施設の必要性を叫ぶ声が少なかったことを考えれば、公共施設に配分される財源は、大きく減少することが確実な状況と言えるであろう。

これからの財政経営の観点で必要なのは、過去の税金で形成された社会資本（土地と建物）、現時点における税収、そして、将来の税収をトータルに把握し、優先度を客観的に判断した効果的な資金配分である。現時点での財源が不足したときに、過去に形成された資産を売却、貸し付けして資金に換える工夫も必要であるし、国債、地方債の発行にあたっては、将来の税金の「先食い」であることを明確に意識する必要がある。

そして、資金配分にあたっては、その必要性を、縦割り構造を越えて、全庁的な優先度を客観的に判断し、厳しく査定する必要があるだろう。

地方財政における論点は、第6章で詳細を展開する。

# 第2章

# 学校施設の最大限活用

# 1 学校施設の活用がなければ「縮充」は達成できない

## (1)「総合管理計画」を策定しても、面積が増えている実態

多くの自治体が「公共施設等総合管理計画」を策定してから数年が経過しているが（総務省が目標とした計画策定期間は平成26年度から28年度）、目標とした総面積の圧縮はほとんど進まずに、むしろ総面積が増えている自治体が少なくない実態にある。この傾向は、総務省からの要請以前に総合管理計画を策定した自治体でも、同様である。「公共施設等総合管理計画」を策定した自治体の多くは、これからの30年から40年の間に、20％から40％程度の総面積の削減を目標としている内容であり、単純に計画遂行を考えると、３年間に数％の面積削減が実現していなければならない。しかし、面積削減どころか、総面積が増加している自治体が相当数存在している。

その背景としては、どの公共施設も、必ずといってよいほどに「常連客」が存在するために、統廃合への合意形成には、様々なプランを検討して議論する必要もあり、時間がかかるのが通例である。なおかつ担当職員が２、３年程度で異動してしまうことも、「先送り」が蔓延している背景にある。小規模な集会施設を廃止した事例はあるが、達成できる削減面積は全体からみればわずかな割合である。一方で庁舎の更新や「総合管理計画」以前に、整備計画のあった大規模施設（ホールを併設した生涯学習センターや、保健福祉会館など）が完成するという事情もあるので、面積が増えるという矛盾した状況にある。

総面積の縮減が進まない別の理由は、「個別施設計画」として、施設の類系別に面積縮減を図ろうとしたことにもある。道路、河川などのインフラに関しては「個別施設計画」はなじむのであるが、「ハコモノ」である施設に関しては、個別施設分野ごとに縮減目標を立てて実践することは難しい。例えば、学校施設を縮減しようとして、個別の学校施設

１つひとつを20％削減するというのは現実的ではないので、学校施設の数を統廃合によって減らし、縮減目標を達成するという発想になる。すると、特に小学校の統廃合は、地域住民の感情からも通学距離の課題からも、簡単には実現しないとされ、優先度の高い取り組むべき課題として明確に位置づけられていない傾向がある。

しかし、公共施設総面積の半分程度を占める学校施設に「手を付ける」ことなく、公共施設総面積を縮減することは難しい。そこで、学校施設の地域開放を進めて、周辺の住民利用施設の機能を組み込み、これらの周辺施設を統廃合することで、公共施設の総面積の縮減を達成するという戦略を立てざるを得ないことになる。

客観的に学校施設を検証すれば、放課後、土日祝日や夏休み、冬休みなどの長期休暇によって、施設が使われていない時間の割合の方が大きいという稼働状況にある（学校の授業で使われる時間割合は２割程度と試算できる）。そして、学校施設が最大限に利活用できれば、特に小学校の場合には、学区内からの徒歩圏内に立地して、最も大きなスペースを保有している身近な施設という条件から、近隣の集会施設の機能は吸収できる（統廃合による面積削減）可能性が高い。

## (2) 放課後、休日の学校施設の開放は法的にも推奨されている

学校施設の地域開放を話題にすると、「子どもたちのセキュリティを誰が守るのか」、あるいは、「学校教育の場に、不特定多数が出入りすることは、教育環境の維持やプライバシーの保護に大きな課題となる」という「懸念」が主張されて、ほとんど進んでいない実態がある。

「学校のセキュリティ確保」が多くの関係者の口から述べられるようになった契機は、大阪府池田市での殺傷事件であろう。2001年６月、大阪教育大学附属池田小学校で授業中の教室に乱入した男が、刃物で次々と切りつけ、児童８名が殺害され、教師含む15人が重軽傷を負った前代未聞の衝撃的な事件だった。

この事件以後、文部科学省は、各都道府県・市町村教育委員会宛てに「幼児児童生徒の安全確保及び学校の安全管理に関し緊急に対応すべき

事項について」(平成13年6月11日付、13文科初第373号)という通知を発し、多くの学校では、校門や通用門は登下校時以外は施錠され、教員、児童、生徒以外の校内立ち入りは大幅に制限されるようになった。

しかし、児童、生徒の安全の確保は最優先事項であることは間違いないが、学校という施設における安全の確保は、基本的には児童、生徒が滞在する時間帯である。このように考えれば、セキュリティの確保時間は限定され、平日の放課後、土日祝日、夏休みなどの長期休暇中に、施設を地域に開放することは、教員室とクラスルームに対する立ち入りを厳密に規制することを前提とすれば、その他の部分は地域開放が可能となることは明らかである。

また、少子化傾向の中で、「余裕教室」(教育委員会では、「空き教室」という表現は使わずに、「余裕教室」と表現する)が生じているはずであるが、学校の現場では、ランチルームの確保、英語の必修化による「準備室」、特別支援学級の増加などで、余裕はないと主張していることが多い。

政令指定都市を除いて、教員は都道府県の職員であり、一方で施設は市町村に属するので、施設の所有と使用における権限と責任が分離していることも、学校施設の地域開放を難しくしている大きな要因となっている。

それでも、地域の要望も大きい体育館や校庭、音楽室、図書室、工作室などの特殊教室や2、3の普通教室については、地域開放を実現しようとする姿勢があれば、十分に可能である。実際に、地域との連携を積極的に考えている校長や副校長(教頭)に話を聞くと、放課後や休日であれば、「児童が特定できるような掲示物の扱いにおける配慮や、鍵の管理が適切に行われること」ができれば、施設開放は可能であると述べている。事実として、兵庫県明石市ではほぼ全ての小中学校にコミュニティセンターが組み込まれて、日常的に住民が利用しているが、トラブルは生じていない。

そもそも、学校施設の地域社会への開放については、法律でも、積極的な規定がなされている。法令条文の一例を挙げれば、

**教育基本法第12条（社会教育）第2項**

国及び地方公共団体は、図書館、博物館、公民館その他の社会教育施設の設置、学校の施設の利用、学習の機会及び情報の提供その他の適当な方法によって社会教育の振興に努めなければならない。

**学校教育法第137条**

学校教育上支障のない限り、学校には、社会教育に関する施設を附置し、又は学校の施設を社会教育その他公共のために、利用させることができる。

**社会教育法第44条1項**

学校（中略）の管理機関は、学校教育上支障がないと認める限り、その管理する学校の施設を社会教育のため利用に供するように努めなければならない。

**学校図書館法第4条第2項**

学校図書館は、その目的を達成するのに支障のない限度において、一般公衆に利用させることができる。

**スポーツ基本法第13条第1項**

学校教育法（中略）に規定する国立学校及び公立学校（中略）の設置者は、その設置する学校の教育に支障のない限り、当該学校のスポーツ施設を一般のスポーツのための利用に供するよう努めなければならない。

などがある。これら以外にも、公職選挙法（投票所、開票所、立会演説会場など）、消防法（延焼の防止）、水防法・災害救助法（避難所）など、様々な法律で学校施設の多目的な利用が定められている。

我が国では、学校を児童生徒と教員による教育の「神聖な場所」として、とらえている傾向があり、生活指導や部活動などを含む全人格的な教育の「閉じられた場所」として、特別なイベント（入学・卒業式、授業参観、体育祭や学芸会など）以外は、地域住民が立ち入ることがない空間となっている。この傾向は、我が国の文化と伝統による部分が大きいが、筆者の米国カリフォルニア州での短い生活体験からは、小学校低学年では、地域のボランティアが授業に参加すること、父母の授業参観は随時許され、授業以外の学校内での放課後活動（部活動など）はない一方で、学校を１日地域に開放して、コンピュータなど教育機器や図書の購入のための資金集めを目的とした「オークション」（日本でのバザーのような形態）が行われるなど、地域との結びつきが重視されていた印象であった。

近代公教育によって組織化・制度化された小中学校教育は、工業化が進んだ「先進国」において社会を支える「インフラ」として発展してきた。単純化すれば、児童生徒への基礎的な教育の場として、生産活動に必要な「読み書きそろばん」と議会制民主主義を支える社会性をトレーニングするための専用施設と専任教員を備えた学校教育というシステムである。学校の機能を中心に考えれば、授業時間以外における学校施設は、地域におけるコミュニティの中心施設として、様々な活用を積極的に検討すべきであろう。

### (3) 民間所有の学校を最大活用しているイギリスのPFI

財政効率化と民間経営の合理性を狙いとして、PFIという手法を生み出したイギリスにおいては、学校施設は病院とともに、インフラとして位置づけられ、PFIの対象事業として多くの実践事例がある。

このPFI事業はBOT（Built（建設）、Operation（管理運営）、Transfer（所有権移転））という事業手順であり、日本の事例で多数となっているBTO（建設、所有権移転、管理運営委託という事業手順）とは大きく違うスキームで行われている。そして、この学校施設を使用する教育委員会は、事業者（SPC：Special Purpose Company：特別目的会社）に対して、ライフサイクルコストから算出された本来の賃借料の９割しか支払わない契約にして、しかも、毎年のように、その割合を低くするシステムとなっている。

学校としては、平日の午後4時までしか使わないので、イギリスの学校では部活動がないために、授業時間が終わると、児童生徒は全員学校外に出て行く。ところが、その退出用に大きく開かれた校門が閉まると、その脇の通用門が開いて、地域の住民達が学校の中に入ってくる。学校施設は、放課後に「カルチャーセンター」として、地域住民に向けた様々なプログラムが開催されている。学習講座はもちろん、音楽教室でのレッスン、教室の一部ではヨガや軽体操、グランドではサッカー教室など、学校施設が最大限に有効活用されている。

この「カルチャーセンター」的なプログラムに使用する施設使用料は、当然のことながら、施設の所有権を有するSPCの収入になる。学校教育以外の時間に施設を最大限に活用し、収益を確保するので、教育委員会は学校設置における減価償却費と管理運営費の全てを賃料として支払う必要がなくなり、経費が節減できる。SPC（民間企業）も、学校施設建設と管理運営にかかる費用の大部分を安定的に教育委員からの賃料で賄いながら、その不足分を施設開放による「自主事業」で稼ぎ出すことができ、利益を上げることもできる。地域住民は、身近な学校施設における各種のプログラムを安い費用で楽しむことができる。このような施設活用によって、「一石二鳥」どころか「一石三鳥」というような効率的効果的な施設運営が実現しているのである。

欧米の学校教育に対する考え方が、我が国と違った文化・伝統を背景としているとしても、児童生徒の存在していない時間帯における学校施設を地域社会に開放することについては、違いはないことは明確に認識する必要がある。我が国で、学校施設の地域開放が積極的に展開されてこなかったのは、単に、地域住民が使える施設が周辺にあるために、地域開放を前提とした管理運営方法が十分に検討されてこなかったからに過ぎない。イギリスの学校におけるPFIで、地域開放が進んでいる事例を紹介したが、施設の管理運営を担当している運営会社のスタッフに、「なぜ、このような開放事業が進んだのか」と質問したところ、即座に「カネがないから」と答えていたことが印象に残っている。

イギリスにおける学校施設の最大限活用の取組みの根拠は、カネがなく、様々な要望に応えるためには、施設の複合化・多機能化しか選択肢はなく、それを実現したというシンプルな「真理」にあった。我が国の場合には、「カネがない」状況に対して、先進国においても最大規模（GDPに対する割合）と言われる公債発行によって財政に余裕が生じ、多額の「補助金や交付金」が配分されているために、周辺施設が老朽化しても、個別の施設整備に資金が回っている。そのため、「複合化・多機能化という面倒なことを避けても、何とかなる」という意識があり、検討が進まない状況にあると考えられる。「カネがない」状況になれば、智恵を出し、施設利用での譲り合いをせざるを得なくなるであろう。いつまでも大量の赤字公債が発行できる訳ではないので、学校施設の地域開放に向けた管理運営方法を検討せざるを得なくなることに備える必要がある。

# 2 学校施設の管理を校長の責任から切り離す

## (1) 学校施設の管理運営のあり方を検討する

既に述べたように、学校施設を地域施設として最大限に開放・活用しなければ、ほとんどの自治体において、総面積削減という目標を持った「公共施設等総合管理計画」は達成できない。それは、面積的に学校施設は公共施設全体の面積の半分近くを占める場合が多いこと、学校教育としての稼働率は低く、放課後、土日祝日、長期休暇などにおける活用可能時間が多いこと、学区内では徒歩圏内にある広大な面積を持った施設であること、災害対策時の避難所として指定され、誰もが存在を知っている施設であることという、客観的に見れば、地域コミュニティ活動の中心的拠点施設となる可能性が高い施設であるからだ。

この学校施設の利活用において、解決しなければならない課題は、その管理運営の方向である。現在は、学校施設の管理者が学校長とされているために、校長の管理責任負担を軽減する方策を検討しない限り、地域への開放は非常に難しい。それでも、多くの学校で体育館や校庭が地域に開放されているが、その方法は、利用予約や鍵の管理を利用団体等で構成される「利用団体協議会」のような任意団体に委ねているのが実情である。そのために、その協議会に所属している団体に利用が独占されている実情があり、地域住民がニーズに応じて利用するという観点からは、不十分な状況にある。

一般に、学校の管理者は、学校長と認識されているが、法的には学校の管理組織は教育委員会とされ、教育委員会の学校**管理**規則によって管理者が校長とされていることが多い。

しかし、教育委員会の学校**使用**規則は自治体によって様々な形態になっており、実際の学校施設の「目的外使用」(学校の授業以外の利用)の管理は、市長部局、教育委員会、校長と様々である。つまり、地域の状況によって、ふさわしい管理運営形態を検討して実施できる規定（規則）を定めれば、学校施設を教育（授業等）に支障がない限りにおいて、自由に利活用できることになる。

いくつかの自治体における学校施設の管理運営形態と責任について、教育委員会規則を検証してみよう。

学校の管理運営に関しては、「学校の管理運営に関する規則」というような名称の教育委員会規則が定められていて、その「施設、設備」の章には、条文で「校長は、学校の施設、設備等を運営管理し、その整備保全に努めなければならない」と規定され、その第２項で、「職員は、校長の定めるところにより、前項に規定する施設、設備等に関する事務を分掌する」とあるのが一般的である。この規則は、ほとんどの自治体において同じ内容となっているので、おそらくは、標準的な内容が検討されて、制定されたのではないかと考えられる。

そして、施設設備の貸与に関しては、別の条文で「学校の施設又は設備の学校教育の目的以外の利用については、法令の定めるところに従い、校長が許可する。ただし、長期にわたり又は異例の利用と認められる場合は、あらかじめ、教育委員会の指示を受けなければならない」という規定も用意されている。

この目的外の利用については、「学校施設使用規則」が別に定められているが、この規則は自治体によって大きく違っている（標準的なモデルが示されていない可能性がある）。例えば、さいたま市においては、「校長は、その使用が次の各号のいずれかに該当する場合に、学校施設の使用を許可することができる」として、校長に許可権限が委任されている。川越市では、「有料学校施設」という「使用料を徴収する学校施設」を規定し、この有料学校施設は、教育長が、「管理上の責任を負うべき者を指定するものとする」として、校長は「有料学校施設及び開放学校施設について管理上の責任を負わないものとする」と規定して、校長の管理責任を軽減している。また、横浜市では、学校施設の「普通使用」を「市民及び市内の団体がスポーツ、レクリエーション、講習会、展示会及びその他の会場として学校施設を使用することをいう」と定義し、この普通使用については、行政区の「区長」が許可権限を持つ制度となっている。

このように、「学校の管理運営に関する規則」は、おそらくは「ひな形」に従って、校長の管理責任が規定されているが、「学校施設使用規則」になると、校長、教育長の指定する者、行政区の区長など地域の実情に応じて様々な形態が実現している。

学校施設の地域開放については、セキュリティのあり方も含めて、管理形態の工夫によって、相当程度に拡大することができることが、法的にも実務的にも可能であることが示されている。

この学校施設の地域開放をさらに拡充するための施設整備のあり方（設置形態、財源調達、管理運営形態など）を検討してみよう。

## (2) 理論的に整理しても学校の地域開放は進まない

「理論的」には十分に可能な学校施設の地域開放であるが、現時点で、学校施設の地域開放を積極的に展開している自治体、学校は例外的な存在である。筆者は多くの自治体で、「公共施設マネジメント」のアドバイスを行っているが、その際に、最も重要なのは学校施設の地域開放だ、と説明すると２種類の反応が返ってくる。

１つは、「学校施設の開放可能性は分かるが、実際には、教員がセキュリティの確保や児童生徒の教材や作品の存在を理由に、教育の妨げになるという対応を示す。教育委員会は市町村部局とは独立した存在なので、話を進めることが難しい」という反応である。そして、もう１つは、「地域住民の要望によって、体育館や校庭は既に開放しており、問題はない」という反応である。つまり、実際に学校施設の地域開放について、首長部局と教育委員会との間で正式な協議の場を設定している事例はほとんどみられず、様々な条件を整理して積極的に対応しているとは言いがたい状況にある。また、体育館や校庭の開放にしても、大半は限定された地域団体にのみ行われている実態であり、その団体に属していない地域住民が利用するための制度を持っている事例も少ない。

いずれにしても、「教育委員会や教員は、児童生徒の教育環境を最優先にして、セキュリティの問題もあるので、話が前に進まない」という理由で、担当者も周囲も、「妙に」納得して、「アンタッチャブル」な課題になっている現状にある。

# 3 現在の学校施設が変わる可能性を視野に

## (1) 50年後の学校施設と機能を考える

筆者は、学校施設の地域開放に消極的な反応を示す自治体の担当者に対して、「50年後の学校施設をイメージできますか」という問いかけをしている。学校施設に関しては、重要な基幹施設であるので、耐震性への対応はほとんどの自治体において最優先に実施されているが、財源不足から、建替よりも長寿命化への対応が優先されている。しかし、長寿命化に設計・工事費をかけても、施設・設備全体としての老朽化・劣化は進んでおり、いずれ20年から30年後には、建替が必要になると見込まれている。

学校を建て替えると、その学校施設の躯体部分は50年以上存続することになるが、50年後に、あるいはそれ以前に20年から30年経過したときに、学校教育の内容や手法が現在のような教室を基本にしたままで存在を続けるのかどうかを考える必要があるのではないかと考え、近い将来の学校教育のあり方も含めた課題提起をしている。

世界的に見ても、近代において初めて国家による公教育が成立し、いわゆる「読み書きそろばん」という基礎的能力の獲得と集団化による社会性獲得のトレーニングとが、「学校」という施設での教育によって行われることが標準化された歴史がある。人類の文明誕生が5000年前くらいであることに比べ、わずか200年弱に過ぎないのである。「教室」の中で、教員がテキスト（教科書）をもとに、数十名の児童生徒に「教える」という教育スタイルを前提にすれば、現在の学校施設は合理的な立地と施設であることは間違いないが、数十年後にはどのような教育形態になるのかは予測が難しい。

国立国会図書館のデジタルコレクションで、1895（明治28）年に定められた「学校建築図説明及設計大要」を自宅のコンピュータでも閲覧することができる。ここには、運動場はなるべく南方、東方の位置を選ぶ、教室は片側廊下に沿って設置され、手元に影ができないように生徒の左側に窓を設置する、広さは四間×五間の大きさの教室を最大とするというような設計基準が示されている。この設計思想は、現在の標準的な教室のサイズ（約７メートル×９メートル）も含めて、未だに学校施設設計の基本となっていることが分かる。

しかし、公教育以外の教育現場をみると、時代の変化に対応し、効果的な教育・学習の手法が現れている状況にある。入試対応という合理性が求められる予備校では、人気があり質の高い授業は、全国にビデオ配信されて自分の都合に合わせて視聴できるようになっている。その視聴を前提に予備校に出かけると、教室での対面授業は少なくなり、個別の席に個別指導のチューターが付くという教育スタイルを採っている。また、インターナショナルスクールを見学したときには、正面の黒板に向いた学習机が並んでいるスタイルではなく、教室に数カ所のグループ学習の席が設置され、自分で調べた内容を発表し、議論する教育形態が小中学校でも主流となっている。教員が黒板の前に立って、児童生徒が教員に向かって着席し、教員の指示によって教科書を読み、ノートをとったり発言することが一般的な日本での学校教育との違いを認識することができた。

教材開発も、ゲーム感覚を取り入れたインタラクティブなビデオ教材、AI（人工知能）を使い、個人の学習到達度に対応して効果的な学習を管理する手法は、既に一部で実現している。

### (2) コロナ禍を契機に考える

第１章で展開したように、コロナウイルスの感染を理由に、小中学校が一斉休校になったとき、様々な問題が発生したが、教室を「密」の状態にしないことが前提となり、オンライン教育の実施が検討され、授業や予習復習、PC やタブレットを活用した教材などの活用が課題として議論されるようになった。

今後の学校教育のあり方を、白紙の状態で考えれば、知識の習得は、

AIなどを活用した教材による自己学習を基本とし、知識を組み合わせ、ディスカッションを主としたグループワークで行い、より広い理解による知的生産行為は教室で実施し、児童生徒同士、教員とのコミュニケーションを深めるための様々な活動は校庭や体育館などの広い空間を活用するというような議論を展開することができるかもしれない。そうなると、毎日学校に通う必要があるのかどうか、知識習得やグループワークは、それぞれに適した施設を活用し、社会性を身につけるためのプログラムは、広い空間を持つ学校で行う、学年などで学校使用を隔日（週に3日程度）に行うような形態にすれば、「密」を避けて、学校施設を広く使うことも可能になるかもしれない。

このような可能性を議論すると、教育現場において、教員と子どもによる集団の形成がなくなることはほとんど想定できないが、学校施設とその利用形態は様々に変化することは想定できるだろう。そうなれば、現在のような学校施設を50年もそのまま使うことを前提に、鉄筋コンクリートで建設することが主流となっている現状の是非を検討してもよいのではないか、と考えられる。

# 4 地域の不安をあおる学校の統廃合は先延ばしに

## (1) 統廃合と地域開放とは取組みの次元が全く違う

学校を「聖域」としてとらえる傾向と、文科省、教員人事に関与する都道府県教育委員会、施設を整備管理する市町村教育委員会という縦の流れが強い教育行政の現状は、学校施設のあり方、特に、地域開放を検討するには、大きな「壁」となっている。また、もう１つ、重要な検討課題は、小学校の統廃合である。これは、公共施設マネジメントとして、公共施設の縮充を進めるために、人口減少が進んでいる地域で大きな課題となっているが、学校施設の開放以上に、感情的な面も含めて合意形成が難しい。

我が国の場合、最も基礎的な公教育の場である「小学校」は、1872年（明治５年）の「学制」発布によって、当時の藩校や寺子屋を基礎に、1875（明治８）年には全国で約24,303校が開校されたという（文部科学省、学制100年史のデータ）ほどに地域のシンボルとして数多く設置された歴史がある。現在の小学校の約２万６千校（本校分校合計数）と大差がないので、その普及は驚くほどの規模と早さである。このように、地域のシンボルとして設置され、運営された小学校であるから、学区に住む住民は何代にもわたって、その小学校に通い、子どもや孫も通うという、地域住民にとって、特にその小学校を卒業した高齢者にとって、地域が存続しているという実感とノスタルジーを感じる施設となっている。

したがって、子どもの数が少なくなり、学級編成が難しくなっても、卒業生でもある地域の住民にとってみれば、小学校がなくなることは、地域の衰退の象徴であり、ノスタルジーの否定にもつながり、「母校」がなくなることに大きな抵抗感を持つことは容易に想像できる。

このような心理的な状況もあって、小学校の統廃合を、単純に児童数や学級数の適正配置をもとに機械的に計画すると、地域住民の「猛反発」を招いて、議論が進まなくなるという現象が多くの地域で起こっている。教育委員会にとっては、統廃合の方針を打ち出すことには大きな抵抗を持つことになり、地域の「感情」に配慮しながら話を進めざるを得ないので、10年単位の時間がかかる大きな課題となっている。

ここで、学校の再配置を検討するときに、教育委員会と首長部局の間で、学級数、学校数の適正配置を巡って、一部に、学級定数への間違った解釈があることは指摘しなければならない。

小学校における学級の標準的な児童数について「40人学級」という指標がある。この40人を１クラスの児童数として、「小学校の学級数は、12学級以上18学級以下を標準とする」（学校教育法施行規則第41条）という規定に照らして、学級の平均児童数を40人として、40×12＝480人が小学校の適正規模の最低数と解釈している首長部局の職員が意外に多いという現状がある。「40人学級」という標準は、１学級の児童数の平均が40人ということではなく、40人を１人でも上回った場合、つまり、41人以上になった場合には、学級を分割し、20人と21人にするという学級編成の基準であり、学級の児童数の平均は、20人と40人の間である約30人となることが、意外に知られていない現実がある。実際に、東京都のある市で、公共施設の適正配置計画の策定にあたって、小学校の学級人数を40人と設定し、12から18学級を想定すると、１校あたり480人から700人程度として、その市の児童数の推移から学校数を現行よりも削減するという方針を定めていた事実があった。

現場の状況を確認せず、担当部局との十分な情報・意見交換を行わずに、机上での数字ばかりを追うような計画担当部局が未だに存在していることに驚くが、特に、首長部局と教育委員会とのコミュニケーションの不足が大きいのではないかと危惧している。最も面積割合の大きな学校施設を棚上げしては、公共施設マネジメントは成り立たないにもかかわらず、あえて避けていると言わざるを得ない。現場を無視した「計画至上主義」があると、教育委員会と首長部局に相互不信が生まれ、マネジメントが進まない恐れがある。

このような状況に対応するためには、後述のように、「小学校の統廃合は当面行わない」という方針を打ち出し、地域の不安を解消するとともに、一方で、学校施設の稼働状況が極めて低いこと、その立地特性（小学生でも徒歩で通える距離）によって、地域のコミュニティの核となる可能性が高いこと、特に、災害時の防災・避難拠点として活用することの必要性を主張する必要があると考えられる。

この小学校の統廃合を行わないという方針を明確にすることは、4年ごとの選挙に対応せざるを得ない首長や議員にとっても受け入れやすいと考えられる。

## (2) 災害時の防災・避難拠点としての学校施設を積極的に打ち出す

小学校の統廃合を先送りにすることは1つの選択肢であるが、地域開放を進める「説得材料」としては、防災対策がある。

多くの自治体における公共施設マネジメントの現状をみると、当面は小学校の統廃合を行わない方針と、防災・避難拠点としての役割を軸に学校を地域コミュニティの核とする方針とを打ち出すことによって、公共施設マネジメントは一定の進展をみせる可能性が高くなると考えている。

その理由としては、統廃合の対象となる（かつて通った学校がなくなる）ことがなくなるという安心感と、災害時には避難所として指定され、必要な諸施設・設備が整備されることによって、教育の場としてだけでなく、地域活動の拠点として、また、コミュニティの核として認識される信頼感と期待が生まれる可能性が高いことが指摘できる。

一方で、学校が災害時の避難所として指定されている場合が多いのであるが、機能面でみると大変大きな問題を抱えていることは以前から指摘されていることである。

災害時の避難所機能を果たす観点からは、トイレ、更衣室・シャワー室、物品保管庫という最低限の設備の設置から、クラブハウスの併設まで、機能と規模には様々な段階が考えられる。それらの施設・設備が整備されれば、スポーツ活動などに日常的に活用することで、地域コミュニティの中核施設としても機能を発揮し、その存在が確認できることになり、災害対策の広報的役割も果たすことができる。

学校体育館を避難所として指定しても、国際難民キャンプの基準以下とされる「雑魚寝」状態で、最低限の生活に必須の設備とプライバシーが確保できていない現実に対して、更衣室の設置、トイレ・シャワーの設置が議論され始めているという現状にある。もっとこのような議論を進める必要がある。

### (3) 理念を超えて、現実的な議論を進める必要がある

学校施設の開放を検討するときに、通常、発想されるのは、統廃合と空き教室の活用であるが、現場の発想からはなかなか難しいことがわかる。さらに、統廃合した後の「跡地活用」の要望があるが、もともと、子どもが少なくなり統合の対象となるのであるから、その跡地の活用は、民間事業者が観光など全く別の用途に向けて「投資」をしない限りは、新たに税金をつぎ込むことになる。つまり、学校の統廃合は行わずに、学校施設の複合化多機能化をギリギリまで追求する方が、合理的と考えられる。統廃合の意思決定は、政治家でもある首長と議会の権限なので、当面は、摩擦の大きい統廃合の課題をさけるのは、地域政治の観点からも有効と考えられる。

また、統廃合まで検討しなくとも、空き教室（教育委員会の用語では「余裕教室」）を地域に開放することも考えられるが、現実には、特別支援学級は増える傾向にあり、英語の義務教育化、ランチルームなど、余裕教室の地域開放に関しては、学校（教員）からは否定的な意見がほとんどである。したがって、余裕教室の開放も、現時点では検討対象から外して、授業時間中以外は開放可能な校庭、体育館、音楽室（地域での音楽練習場としての需要は大きい）、図書室（貸出機能を中心に、徒歩圏内での小規模図書館という限定的な機能であれば、利便性は向上する）などの「特殊教室」で可能な場所から検討を開始するという手順も検討する必要があるだろう。

次に学校の設置形態、財源、管理運営形態について、検討してみよう。

# 5 小学校の地域開放が合理的な選択肢になる

## (1) 小学校は地域コミュニティの拠点に

ここまで、学校施設の中でも、中学校は部活動で施設を使う時間が多いことと、小学校に比較して広域的な配置となるために、地域に密着した存在である小学校の地域開放を中心に考える方向を明確にした。その検証過程は、繰り返しになるが、整理すると次のような流れとなる。

① 学校施設は、多くの自治体（市町村）において、施設数の約半数の割合であり、財政的な事情から、公共施設の総面積を縮減するのが公共施設マネジメントの課題であるが、そのためには、学校施設の複合化・多機能化（周辺の公共施設の機能を吸収する）を図らなければ、総面積縮減は達成できない。

② 小中学校は市町村が設置する基本的な施設であるが、中学校は部活動などの事情で、地域住民が活用できる時間に若干の制限があることから、当面は小学校の開放を軸に検討することが合理的である。小学校は、徒歩圏内に設置されることが原則なので、その意味でも地域コミュニティの基幹施設となる可能性が高い。

③ 小学校の地域開放を検討すると、必ず「子どもたちのセキュリティの確保が難しい」との指摘がなされるが、学校施設内に児童のいない時間は半分以上（厳密に計算すれば年間における８割の時間は児童が不在）となるが、その時間における最低限のセキュリティのあり方を議論すれば、施設の一部の開放（体育館、校庭など）は既に行われている現状からも、合理的な開放のあり方を検討できる可能性が高い。

④ 学校施設の開放が進めば、周辺にある集会施設などの住民利用施設の大半は、実態として利用形態と利用者が限定されていることから、

廃止しても住民サービスが大きく下がることはない。これによって、公共施設の総面積の圧縮も進むことになる。学校の統廃合は合意形成に時間がかかるし、十分な面積縮減効果は実現できないので、学校の統廃合は当面の目的とはしないで、周辺の住民利用施設との統合によって、面積縮減を進めることになる。

⑤ 学校施設の開放を行う際に最も重要な施設管理の責任と管理形態についても、行政機関（首長部局）、民間事業者、地域住民組織などが鍵や予約の管理を行うことによって、校長（あるいは副校長、教頭）の施設管理責任と業務のほとんどを代行することができ、教員は施設の管理業務や責任から解放されて、教育活動に専念できる。

⑥ ⑤の施設管理における教員の負担を大幅に軽減することは、現行制度の下でも十分に可能である。学校施設の管理者は法令で校長と定められているが、「学校施設使用規則」は市町村の裁量で様々な規定があり、放課後等の施設管理についても校長、教育委員会事務局の担当課、首長部局の担当課など様々であり、施設管理者に関する規制はないと考えられる。

⑥の管理形態に関して、学校の施設管理を首長部局で担当することが可能であることを、「地方財務」（ぎょうせい刊）2016年８月号139頁で文部科学省との「やりとり」を交え、解説しているので、少々長くなるが引用する。

「文科省の初等中等教育局の担当者と議論をしたときに、学校施設の管理を民間に委託することはできないかと聞いたことがある。担当者からは、即座に「学校教育と施設は一体不可分であるので、「法理」によって、民間事業者に施設管理を委ねることはできない」との返答があった。そこで、「校長による管理を、教育委員会の学校施設課の一括管理にすることはできるか」と聞いたところ、「教育委員会の管理であれば可能」という回答であった。さらに、「学校施設課の職員に、市長部局の施設管理課職員としての兼務辞令を出すことは可能か」と聞いたところ、「市の人事上の問題なので兼務辞令は可能」とのことであった。

つまり、学校施設の管理を実質的に市長部局の管理とすることができるし、「学校設置基準」上では体育館などは「地域の実態その他により特別の事情があり、かつ、教育上支障がない場合」に未設置でも許されるので、(愛知県半田市成岩中学校では体育館を市民体育館として学校敷地内に整備し、指定管理者による地域開放を実現している)市長部局の管理下に置いて、学校と地域住民との共用施設にすることができる。また、学校施設を「公共のために利用させることができる」という複数の法律による規定があるのだから、教育委員会から市長部局に対して、施設管理の補助執行を要請すれば、教育に支障のない範囲で、積極的に地域開放をすることができる。

このように、一見、「専用施設」と考えられてきた施設も、機能ごとに管理形態を工夫すれば、十分に「汎用施設」として活用することができ、結果として、公共施設総面積の圧縮の実現に近づくことになる」(一部の字句は編集)

### (2) 小学校の統合を行わないことを当面の基本方針とする

このような基本的な考え方を整理すれば、学校施設の地域開放を実現する手順として、以下の可能性が考えられる。

① まず、小学校の統合は、当面実施しない、という方針を明確にすることである。学校の統廃合、特に、小学校の統廃合には、2世代、3世代にわたって、その小学校に通った住民が心理的に大きな抵抗を持つ可能性が高い。合意形成が成り立つとしても数年から10年以上の時間を要することが予想され、さらには、「決裂」状態になって、解決策が見出せなくなった事例もある。したがって、学校の統廃合を方針として打ち出すことは、公共施設マネジメントの中でも、最も難しい課題であった。それならば、原則として、今後10年間は統廃合を行わない旨の方針を明確にすることで、地域住民に安心感を持ってもらう、ということは、冷静な施設再配置を進める上で、大きなメリットとなる。これは、公共施設マネジメントにおける最

終的な決定権をもつ首長と議会（議員）にとっても、政治的な意味で「摩擦」を引き起こさないという点で、肯定的に受け止められる可能性が高い。

② しかし、明確にしなければならないのは、当面は学校施設の統廃合を行わない、という方針は、「手をつけない」という意味ではないことだ。学校施設は、教員室と普通教室、それに音楽室や、図書室、体育館、校庭、プール等が配置されている総合地域センターになる可能性が高い施設である。さらに、特に小学校は、原則として徒歩圏内（4 km）に位置し（義務教育諸学校等の施設費の国庫負担等に関する法律施行令第4条第1項第2号に「通学距離が、小学校にあつてはおおむね4キロメートル以内」との規定がある）、数千 $m^2$ 以上の敷地面積を持つ地域総合施設である。多くの自治体では、災害時の避難所として指定されているように、地域コミュニティの拠点施設として役割を果たすことが期待されており、学校以上の「好条件」を備えた既存施設はなかなか見つからない。

したがって、統廃合を行わないとしても、授業で使わない時間は、教員室とクラスルームなど、教育の場としての管理が必要な部分を除いて、原則として地域コミュニティの基幹施設としての役割を果たすために、地域に開放する方向を明確にすることにつながらなければならない。もちろん、地域開放をスムースに進めるための諸設備や管理装置などを配備するとともに、自治体（教育委員会事務局の担当課、もしくは首長部局の担当課）、民間の管理事業者、あるいは地域住民組織が地域開放時の管理運営にあたることが条件となる。

③ ②の地域開放を原則とするためには、学校の地域開放にあたっては、「学校施設」全体を一括りにするのではなく、学校内の施設ごとに、また、期間や時間ごとに最適な管理形態を検討する必要がある。セキュリティの確保についても、児童生徒がいない放課後、夜間、土日祝日、長期休暇中は最小限の管理で十分と考えられる。そして、教育環境の保持とセキュリティ確保を行うために、教員室と授業の

中心となるクラスルームは、終日、関係者以外の立ち入りを規制することで、校長や教員の安心感を得る必要がある。

④ なお、クラスルーム以外の「余裕教室」については、実態として特別支援学級としての用途が増えていることと、ランチルーム、英語教育の義務化等によって、授業時間中の利活用も考えられるので、当面は開放対象としないことも、校長と教員の不安を解消するために必要である（余裕教室の開放を議論すると、時間と労力の浪費になる可能性がある）。そして、一方で、体育館、校庭、音楽室、図書室は確実に開放するために、利用実態を分析して可能にするための検討を進める。

このような方針を、教育委員会だけではなく、市民利用施設を所管する部局とプロジェクトチームを組んで、計画・実施を図ることができるだろう。

老朽化した施設の改修・更新が必要なのは、学校施設だけでなく、市民利用施設も同じである。公共施設は、管理運営している部局ごとに、その維持管理、改修・更新費用が予算として計上されるが、どの部局も、現行の施設をそのままの面積で更新する予算は確保で

図表２－１　教育施設とその他施設が混在する場合の計画策定

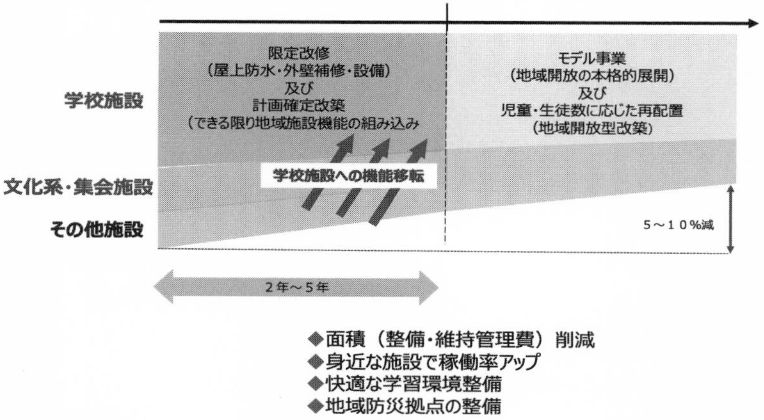

出所：筆者作成

きない状況にある。

したがって、学校施設に市民利用施設の機能の全部もしくは一部を組み込むことで、市民利用施設の改修・更新費用の一部を学校施設に投入できる可能性がある。市民利用施設の機能としては、講座やダンスや体操等に使う、会議室、多目的室となり、学校の体育館、校庭、音楽室、図書室、「余裕教室」を活用することで、一部を代替できる。さらに、施設使用料を徴収することができれば、その一部を学校の教育費用に充てることで、教員へのインセンティブになるかもしれない。

### (3) 学校施設の地域開放には「戦略」の設定も必要

この一連の手順を進めるためには、一定の「戦略設定」が必要となる。

それは、教員、特に、校長や副校長、教頭の理解を得る必要があるためだ。学校施設は「教育の場」として、一部の例外を除いて、地域開放を積極的に検討してこなかった長い歴史があるので、管理的な職にある校長や副校長、教頭にとっては、地域開放については否定的な見解を持っている傾向にある(放課後児童クラブ(学童保育)ですら、児童の学外移動時の交通事故などの危険があるにもかかわらず、小学校の敷地内の設置を拒む校長が多いのが現状である)。

しかし、中には、積極的に「地域との連携」を考えている校長もいるので、次のような「戦略」が考えられる。

第一に、組織論の中で、「組織は積極派2、中間派6、消極派2の割合に分類される」という「2－6－2の法則」を考慮することである。組織には、一定の積極派が存在するはずなので、その積極派の校長をはじめとする教員が存在し、地域開放を受け入れる学校から、学校施設設備の改修や更新を始めることである。老朽化が深刻な学校を優先するのはもちろんであるが、その場合でも最低限の地域開放や今後の施設転用可能性を組み込んだ設計とすべきである。特に、積極派の校長が管理する学校には、地域開放を前提に、できる限り学校開放を前提としたデザイン・設計に基づく施設設備の充実を図るモデルとすれば、それをみたほかの校長も自校に同様の形態を考える契機になることは確実であろう。

総務省の要請もあり、多くの自治体で施設分類ごと（例えば、学校施設、集会施設など）の「個別施設計画」の策定を行っているが、学校施設だけでも、全て、学校としての単独使用を前提にすると、ほかの分野の施設には財源が確保できないほどに、財政状況は逼迫している。学校施設に対して、地域施設としての利用も前提にした「統合プラン」を組み込まなければならないのであるが、「個別施設計画」で、そこまでのシミュレーションを行っている事例は、極めて少ないのが現状である。複合化・多機能化のモデル設定とその実現は、公共施設マネジメントにとって必須の課題となっている。

つまり、「全体を公平に」という方向は、理念としては理想ではあるが、現実は、様々な条件の下で理想とは反対の方向に進むことが少なくない。そのことをリアルにみて、公共施設マネジメントを進めるためには、縦割りを越える合理性について説明を徹底し、その合理性を受け入れる動きを積極的に支援して、全体の合理化を進める戦略を持つ必要がある。配分の合理性を考えざるを得なくなった背景は、財政難、人材難など、社会経済の変動に対応できる資源に限りがあることが明らかになってきたためである。したがって、縦割りの組織と予算、事業の範囲にとどまることなく、「全体の奉仕者」である公務員としては、地域社会に対して、資源配分の合理化を進めることが求められているのである。そのためには、「積極的対応」に理解を示す人間が存在する組織や施設をモデルとして推進する「戦略」（意図的な方向性）が必要だと言っても過言ではない。

### (4) 誰も否定できない災害時の避難所としての機能を組み込む

次の戦略として設定できるのは、災害時の避難場所の確保を優先するという方針である。

これについては、前項で詳細に述べたので、ここでは、ほとんどの学校施設が災害時の避難所に指定されている現状があり、避難所の指定に対して否定的な対応をする校長はいないという点を指摘しておきたい。

教育者である以上、子どもとその家庭、さらには地域の方々の生活を否定することは絶対にないということである。そして、避難所に指定することと同時に、前回も指摘したように、実際に避難所となったときには、「悲惨な収容所」となる場合が多いので、最低限の生活装置（トイレ、シャワー、更衣室、くつろぎスペースなど）を整備することで、普段の体育館などの施設を使う際の利便性、快適性を加えることを前提にすれば、学校施設の開放への抵抗感も薄れる可能性が高いと考えられる。

### (5) 部局の枠を越えた長寿命化計画が必要

上述のような戦略設定の流れによって、地域開放のモデル校となる候補が決まった後には、どのように充実した施設設備を実現するのかという課題になる。通常であれば、学校施設なので、文部科学省の補助制度に則って、事業申請をして設計、施工となる。この手法に関しては、どの自治体も当然のこととして手続きを進めているので、ここでその手続きを紹介する必要はないだろう。しかし、現在、文部科学省で進めている学校施設の長寿命化計画に対する補助の体系については、課題を提起したいと思う。

文科省では、築後40年以上経過した学校施設の長寿命化改良工事について、３割の交付金算定を行っているが、その説明として、長寿命化改良工事は、大規模改修や建替に比較すれば６割の費用で、30年以上の長寿命化が達成できるとしている。したがって、財源不足という状況への対応として、30年以上の学校施設としての利用を想定した工事を補助対象としている。

しかし、30年以上も学校施設として単独に利用できるのは、少子化の傾向が強まる中では都市部の一部の地域であり、地方の多くの学校は、20年程度で統廃合あるいは、規模縮小を余儀なくされることが予想されているのが現状である。それであれば、30年以上の利用を想定した長寿命化改良工事に、近い将来における、地域施設への転用を想定した設計を組み込む必要があると考えられる。

学校施設のみを想定した「個別施設計画」では、教育委員会事務局の策定作業となり、将来の地域施設への転用を想定することは難しいし、あっても極めて一部である。しかも、ほとんどの長寿命化改良工事が、施設更新費用の６割の費用で実現しても、学校だけで、当該市町村の公共工事費用は全て使われてしまう可能性が高い。したがって、学校施設以外の図書館、公民館、スポーツ施設、福祉施設の更新（ないしは長寿命化）に回す財源がなくなる恐れがある。

つまり、長寿命化を軸とする学校施設の「個別施設計画」の作成にあたっては、将来の地域施設への転用可能性も考慮した計画とすべきであり、教育委員会事務局だけではなく、企画担当、財務担当部局、学校以外の住民利用施設の担当部局との共同作業にしなければならないのである。

そして、その共同作業を行うには、学校施設においては、コアとなる教室と教員室は従来型の専用施設として整備し、一方で、体育館や音楽室、図書室などの地域開放が可能な部分は、リース方式などの公民連携手法で整備するというような、柔軟な対応が求められているのである。

市町村における公共施設の半分程度が学校施設であることを踏まえれば、学校施設の長寿命化、あるいは更新事業にあたっては、複合化や多機能化による最大限の活用方策を組み込んだプランを作成し、所要費用の削減を図らなければ、学校以外の地域施設は更新や長寿命化の財源確保ができなくなることをしっかりと認識しなければならない。従来型の施設整備は、50年先でも必要な部分に限定し、その他の部分は、転用可能な普通財産やリース方式で、整備するという組み合わせは十分可能である（図表２-２）。このような組合わせは、人口減少やICT化で窓口が少なくなると予想される庁舎にも応用できるだろう。

図表 2－2　従来方式とリースの組合せ（日本型実質 BOT 方式）

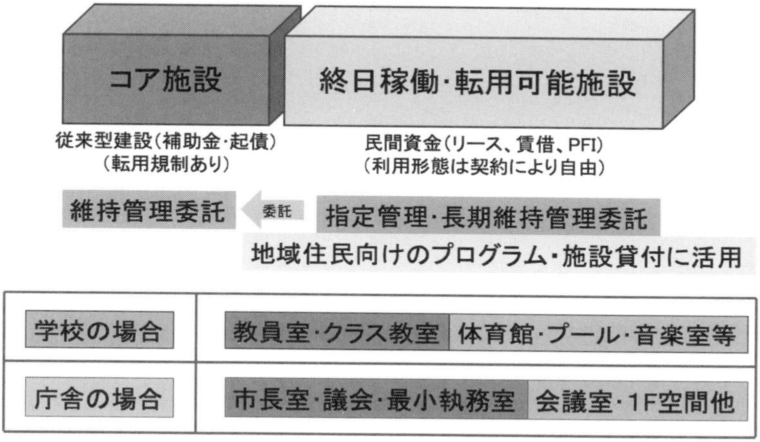

コア施設
従来型建設（補助金・起債）
（転用規制あり）

終日稼働・転用可能施設
民間資金（リース、賃借、PFI）
（利用形態は契約により自由）

維持管理委託 ← 委託 指定管理・長期維持管理委託

地域住民向けのプログラム・施設貸付に活用

| | | |
|---|---|---|
| 学校の場合 | 教員室・クラス教室 | 体育館・プール・音楽室等 |
| 庁舎の場合 | 市長室・議会・最小執務室 | 会議室・1F空間他 |

出所：筆者作成

# 第3章

# 公民連携で民間の力を引き出すために

# 1 公民連携による公共施設マネジメントは包括委託から

## (1) 中小自治体では、技術系職員の確保が難しい

ポストコロナ社会における公共施設マネジメントの展開について、第１章では公共施設のあり方と財源不足への対応、第２章では学校施設の地域開放を軸にする必要性を検証してきた。この課題解決に共通しているのは、自治体（行政機関）単独での取組みには限界があり、公民連携によって、民間のノウハウや資金の導入を図らなければ、地域住民の生活ニーズに応えられないことが明確になってきたことである。

基礎自治体と言われる市町村数は、1718であるが、その人口は、2020年４月現在の推計数によれば、原発事故による帰宅困難地域に指定されて人口ゼロである福島県の７町村を除いて、最小人口は東京都青ヶ島村の175人であり、最大は政令指定都市である横浜市の約375万人である。人口で２万倍もの開きがある。そして、人口50万以上の市は35団体に過ぎず、人口５万以下の市町村が1,213団体と、全団体の70％ほどを構成している。

公共施設マネジメントという観点から、この人口格差をみると、基礎自治体の職員（地方公務員）数は人口の１％程度であることが多いので、人口50万（職員数４千～５千名）の自治体であれば、一定数の技術系職員を確保できている可能性が高いが、人口５万（職員数で400～500名）以下では、施設マネジメントに必要な技術系職員を確保することは、非常に難しいことが想定される。

地方自治法第２条に例示されている事務をみれば、青ヶ島村も横浜市も、庁舎、学校などの公共施設を設置し、同じような行政サービスを提供していることになっているが、実態は、技術系職員が十分でなければ、施設設備の日常的な点検はもちろん、老朽化の程度を把握したり、修繕の時期の判断を的確にできる可能性は低いことが容易に想像できる。ま

た、技術系職員が一定数存在しても、施設数との対比や業務の内容からは、日常的に施設設備のチェックができているとはいえないのが実態である。

本書に先立って、『成功する公共施設マネジメント』（学陽書房、2016)、「実践！ 公共施設マネジメント」（学陽書房、2019）でも指摘してきたように、公共施設マネジメントの大前提は、公共施設の老朽化、劣化によって、市民の命や財産を傷つけないこと（安全性の確保）であり、その安全性の確保のために効果的なのは、民間の総合ビルメンテナンス会社と包括的保守管理委託契約を行うことである。この手法によれば、技術系職員の数少ない自治体における施設設備の保守点検を、公民連携の手法によって確実に展開できることになる。

2012年に、香川県まんのう町が、初めて包括的保守管理委託契約を導入したのは、人口約２万の同町において、約230名の職員の中には技術系職員がおらず、大手ビルメンテナンス業者に中学校建設という大型PFI 事業の一部として、公共施設保守管理点検を合わせて委託したことに始まったのである。

その後、20ほどの自治体で、包括的保守管理委託契約が始まったが、包括的保守管理契約に日常修繕業務を組み込むことによって、安全性の確保、リアルな施設の状態把握、全庁的な対応優先度の判定、そして、それらの業務における数千万円に及ぶ事務コスト（人件費）削減に成功した事例も生まれている。

明石市における包括的保守管理契約は、その目的の明確化と成果を上げながらコスト削減に成功した事例として、現時点では、我が国で最も先進的な事例となっている。

### (2) 明石市の施設包括管理の概要

施設包括管理は、これまでに全国約20の自治体で導入されており（図表３-１)、明石市では、2018年４月から小・中学校を中心とする132施設を対象として開始した。多くの先進自治体が対象としている電気設備、消防設備等の点検や清掃などに加え、日常修繕（明石市においては概ね

図表3－1　施設包括管理の導入状況

| 開始年度 | 自治体名 |
| --- | --- |
| 2013 以前 | 香川県まんのう町、千葉県我孫子市、千葉県流山市、大阪府箕面市 |
| 2017 | 愛知県西尾市、広島県廿日市市 |
| 2018 | 兵庫県明石市、千葉県佐倉市、東京都東村山市 |
| 2019 | 群馬県沼田市、茨城県筑西市、東京都東大和市、千葉県八千代市、静岡県湖西市、兵庫県芦屋市 |
| 2020 | 茨城県常総市、古河市、 |
| 2021 予定 | 千葉県白井市、静岡県島田市、岩手県北上市、大阪府豊中市、兵庫県高砂市 |

出所：筆者作成

130万円未満の修繕としている）を含んでいることが特徴で、全ての日常修繕を含む包括管理としては全国初の事例である。

明石市では、６者が参加した公募型プロポーザルを経て選定された受託者と委託期間５年間で契約している。１年目は132施設、629業務、当初契約額約3.1億円の契約であったが、年度ごとに対象の施設および業務を拡大しており、３年目にあたる2020年度は152施設、817業務、当初契約額約3.9億円の契約となっている。なお、修繕業務については一定の留保予算を確保した上での実費精算方式としており、最終契約額は3,000～4,000万円増の金額となっている。

実施体制は図表３－２のとおり、明石市の技術職員２名と庁内に設置

図表３－２　明石市の施設包括管理の実施体制

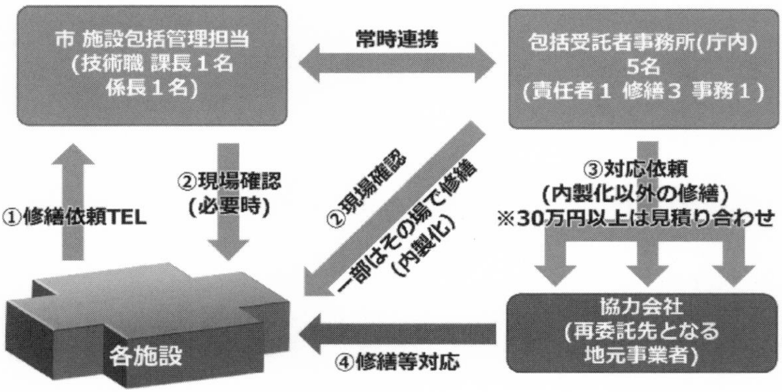

出所：筆者作成

している管理事務所に配属されている受託者の従業員５名が常時連携している。市の包括管理担当が修繕依頼の連絡を受ければ、直ちに受託者が現場確認し、再委託先となる地元事業者に依頼して必要な修繕を実施することとなっている。

# 2　包括委託導入の背景とねらい

## (1) きっかけはコスト削減

明石市が施設包括管理を導入しようと考えたきっかけは、公共施設の更新問題（公共施設マネジメント）に対して管理の効率化によるコスト削減を図ろうとしたことである。

公共施設の更新問題への対策は、①施設の削減、②効率化によるコスト削減、③長寿命化によるライフサイクルコストの削減、④施設を活用した収益の増加の４方策に大別できる。いずれの対策も、我が国において、今後は国も自治体も十分な税収が見込めない一方で、医療福祉、子育て、教育、インフラの維持・更新などの経費が増えて、公共施設マネジメントへの財源が確保できないという基本的な状況により、避けて通れない課題となっている。

このうち、①の施設の削減のための統廃合や転用等を進めるには、利用者をはじめ多くの関係者の理解を得るために粘り強い説明や意見交換が必要である。このため短期間で簡単に成果が出るものではない。③の長寿命化は安全性の確保と中長期的なコスト削減には寄与するが、短期的なコスト面での効果にはつながりにくい。また、④の収益の増加については、当該施設の当面の維持管理費だけでなく、将来の更新費用まで賄えるだけの収益増加の可能性がある施設は限られている。したがって、②の効率化によるコスト削減が、短期的な成果に最もつながりやすいといえる。

明石市では、公共施設等総合管理計画の策定後、できるだけ早い段階で成果を出そうと、基本的には行政内部の合意だけで進めることができる施設包括管理に取り組むことにした。

### (2) 真のねらいは安全・安心の向上

当初のねらいは、コスト削減にあったが、検討を進めるにつれ施設の安全・安心の向上の効果も非常に大きいことが見えてきた。

明石市では従来、大半の施設で事務職員が施設管理を担っていた。また、所管課ごとの縦割りの管理であったため、施設全体を横断的に見て修繕の方法や優先順位を判断することができていなかった。この状況は、ほかの自治体にも共通していると考えられる。そこで、施設包括管理の導入に併せて取りまとめ部署を設け、技術職員を配置することとし、受託者となる建物管理の専門事業者と連携して、施設の安全性を高めることができる体制とした。このような対応策を講じ、少数の技術職員の能力を対象施設全体に活用することで、職員数が減っても支障なく施設管理を行うことができる。

そもそも、公共施設マネジメントの目的は、市民に必要なサービスを将来にわたって安全に提供し続けられるよう施設を維持することであり、コスト削減を目的に導入を図った施設包括管理手法であるが、その本質的なねらいは施設の安全・安心の向上であるといえる。

# 3 包括委託導入による効果

ここからは明石市の例を引きながら、施設包括管理の効果、特に日常修繕を含むことによる効果を考察する。

## (1) 職員数の削減によるコスト削減

明石市では施設包括管理の導入により年間4,800万円のコスト削減を果たしている。誤解が生じやすいところであるが、施設包括管理におけるコスト削減の主な要因は多くの業務をまとめて契約するスケールメリットによる委託料の削減ではない。財政難による長年の業務委託料削減によって、委託料は限界に達しており、スケールメリットの効果は、確実な業務内容を前提にすると極めて少ないのが現状である。したがって、主たるコスト削減の要因となっているのは、仕様書の作成や入札、検査、支払い事務といった契約手続き等にかかるコスト（以下「契約事務コスト」という）の低減による自治体職員の人件費の削減である。

図表3－3のとおり明石市の場合、施設包括管理に組み込んだ業務は、従来概ね10名程度で担当していたが、これを他課への異動によって7名削減することで、新たに必要になるマネジメント経費を差し引いても

**図表3－3　施設包括管理の導入によるコスト削減効果**

（単位：千円）

| 項目 | 実績額 | 導入後 | 積算の考え方 |
|---|---|---|---|
| 委託料 | 135,000(予算額) | 120,000 | 従来契約額を提案上限額に |
| 修繕費 | 220,000 | 208,000 | 導入後は最終契約額で5%削減 |
| 職員人件費 | 80,000<br>(10名相当) | 24,000<br>(7名減) | 包括管理担当1名増 施設所管8課 各1名減 |
| マネジメント経費 | － | 35,000 | 新たに必要となるマネジメント経費を計上 |
| 合計 | 435,000 | 387,000 | |
| コスト削減効果 | － | 48,000 | |

出所：筆者作成

4,800万円のコスト削減となった。担当職員を７名削減しても、業務に支障が生じない体制になったのは、保守点検の包括委託に、修繕業務を加えて、一体的な施設管理が実現したことによる効果である。

### (2) 保守点検業務と日常修繕業務を統合したコスト削減効果

ここで多くの先進自治体が導入している日常修繕を含まない点検、清掃等のみの包括管理と日常修繕を含む包括管理のコスト削減効果の違いについて考察する。

点検、清掃等のみの包括管理の場合、各対象施設の所管課における契約事務コストの低減効果を集約したものが、マネジメント経費を上回れば自治体全体ではコスト削減効果があると判断できる。

しかし、それぞれの所管課で低減できる契約事務コストは職員１名分に満たない。これでは担当職員の仕事の余裕はできるものの、実際に他課への異動等で職員を削減することはできず、歳出の削減までには至っていないことになる。

一方で、日常修繕を含む包括管理の場合、点検、清掃等より件数も大幅に多く、現場確認等の手間もかかる日常修繕を取り込むことで各所管課１名分以上の事務量を低減できる。このため他課への異動等による実職員数の削減、歳出削減まで踏み込んだ対応が可能になるのである（図表３-４）。

### (3) 的確な判断で迅速に修繕

保守点検業務と日常修繕業務を統合したことによる、最も大きくて基本的な効果は、的確な判断で迅速な修繕が実現して、施設の安全性の向上につながったことである。まず、施設からの修繕依頼であるが、従来は緊急性の高い修繕以外は写真付きの書面での受付を基本としていた。これを全て電話受付に切り替えた。施設側の事務負担の軽減を図るとともに、連絡を受けた明石市の技術職員が不具合の箇所や原因の特定のために現場の状況を聞き取ることとしている。施設の職員が単純な操作ミスを機器の故障と思い込んでいるケースもあり、施設現場での設備・機

図表３－４　点検、清掃等のみの包括管理と日常修繕を含む包括管理のコスト削減効果の比較

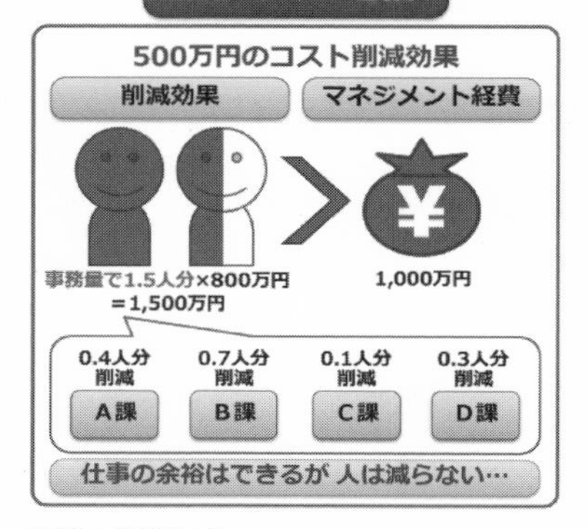


出所：筆者作成

器等に係るトラブルの無用の長期化の防止と、修繕の必要性の基本的なスクリーニングの役割を果たしている。

また、従来、施設所管課の担当職員は技術者ではないので必ずしも正しい対応ができるとは限らず、ほかの業務も抱えているので迅速な現場確認も難しかった。現在では、概ね、連絡を受けた翌日までには受託者が現場確認を行い、必要な場合には明石市の技術職員と協議して、迅速に的確な対応を取ることができている。

さらに、現場確認の際に受託事業者の修繕担当者自身が応急修繕を行い、本修繕は改めて再委託事業者に依頼するといった対応も行っており、施設運営への影響を最小化するとともに再委託先事業者の応急修繕への対応の負担を軽減することにもつながっている。

## (4) 内製化で安価で柔軟に修繕

前項で触れた受託者の修繕担当者が自身で行う修繕を「内製化」と称しているが、これは、迅速な対応として非常に効果的であった。また、積算ルールを材料費＋実作業１時間単位の人件費＋経費10%としているが、再委託先に依頼する場合の概ね半額以下で実施できることも判明した。受託事業者の本務は施設包括管理全体のマネジメントであり、内製

図表３－５　修繕および内製化の実施状況

| 時期 | 区分 | 支払件数 | 修繕支払総額 | １件あたり金額 |
|---|---|---|---|---|
| １年目 | 全体(79 社) | 1,559 件 | 206,026,089 円 | 132,153 円 |
| | うち内製化分 | 462 件(29.6%) | 7,293,751 円(3.5%) | 15,787 円 |
| ２年目 | 全体(61 社) | 1,799 件 | 214,548,037 円 | 119,260 円 |
| | うち内製化分 | 600 件(33.4%) | 10,776,497 円(5.0%) | 17,961 円 |

出所：筆者作成

化は基本的には応急対応と時間的余裕がある場合の小規模修繕に限定している。しかし、内製化によって給水設備の不調や排水管のつまりなど、比較的軽易でも緊急対応が必要な案件や、扉・窓、一部照明器具の不調など安全性と関連が薄いと判断していたため、これまであまり実施できていなかった案件にも、機動的に対応することができた（図表３－５）。施設側の納得感も高く、当初は警戒感もあった学校や幼稚園、保育所等の先生方に、施設包括管理を受け入れてもらう上でも非常に有効であった。

施設は細かな要望に対応してもらえる、自治体は通常より安価に修繕できる、受託者は本体契約の経費に加えて一定の経費を計上できる、再委託先事業者は利益の薄い応急対応の手間が省けると、全ての当事者にメリットがある四方良しのしくみといえる。

## (5) 修繕を含むからこその満足度向上

このような効果的な修繕が施設側の満足度向上につながっていることは施設へのアンケート結果からも読み取ることができる。明石市では数値化しづらい施設包括管理の効果をできるだけ可視化しようと毎年度末に対象施設への満足度調査を実施している。詳細は図表３－６のとおりであるが、１年目は「良くなった・少し良くなった」という回答が約７割を占め、概ね良い評価を得ることができた。２年目は、１年目の実績から評価のハードルが上がることを懸念していたが、「良くなった」だけで約５割にのぼり、「良くなった」「少し良くなった」をみると７～８割を占め、１年目を上回る評価を得ることができた。修繕が多い学校等

図表３－６　施設満足度調査の結果

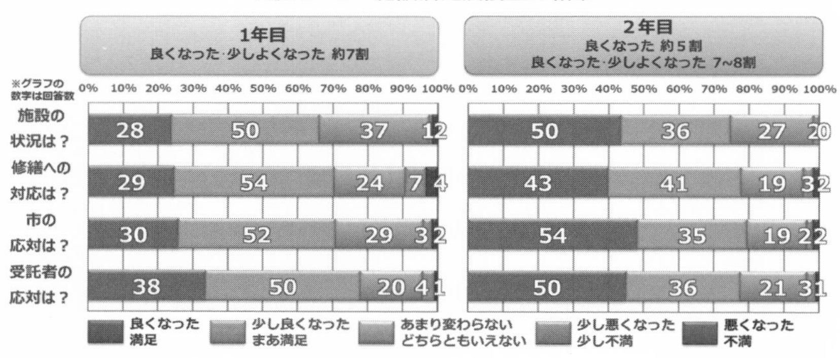


出所：筆者作成

の満足度が高く、修繕の少ない小規模施設は「変わらない」が多い傾向からも、これまで実施できなかった修繕が実施され、施設の改善が見えたからこそ良い評価につながったといえる。

## (6) 関係者の連携による修繕が実現

このように施設側の満足度が高まった結果、最近では学校の先生や生徒を含め、組織の縦割りを越えた関係者の連携による修繕事例も増えてきている。

写真３－１の小学校運動場の排水不良対策の事例では、グラウンドの勾配等の問題で、一部で降雨後１週間が経過しても水たまりが解消しないほどの排水不良が10年来の課題となっており、数千万円をかけて土を入れ替え、勾配を修正することまで検討されていた。これに対して、①

写真３－１　小学校運動場の排水不良対策

写真３−２　プールサイドの再塗装

排水の障害となっていたコンクリート舗装の通路を一部切断し排水路を付設、②運動場の排水不良箇所に透水管を埋設、③透水管への排水誘導のため周辺を掘削・埋め戻すという３つの対策を、①施設包括管理による修繕（約40万円）②教育委員会事務局学校管理課による発注の修繕（約170万円）、③学校の先生のボランティアで実施し、約210万円で一定の改善を図ることができた。

さらに写真３−２のプールサイドの再塗装の事例では、包括委託事業者からの再委託先事業者によって出された概算見積りが約300万円と高額で、そのままでは実施困難であったが、中学校の水泳部と協力して内製化により実施することで、６分の１の約50万円で実施することができた。

修繕案件は年間約1,800件あるため、このように経費削減効果を分析しているのは一部であるが、施設包括管理の導入により、従来に比べて総じて的確、迅速、安価に修繕が実施できているといえる。包括委託に組み込まれた修繕費と、各施設に配分されている修繕費とを組み合わせることと、包括委託事業者が配置している修繕担当者の技術的対応能力とが、創意工夫を産み出していると言えるであろう。このような包括管理担当職員、受託事業者、施設管理者等の協働による現場対応能力が創り出されると、公共施設マネジメントにおける施設の安全・安心の向上とコスト削減の両面の効果は（1）及び（2）で取り上げた職員数の削減によるコスト削減よりも本質的かつ大きいと感じるところである。

## (7) 公共施設マネジメント関連情報収集を効率的に集約

施設包括管理による上述のような効果はさらに公共施設マネジメント全体に資する効果として、点検結果や修繕履歴等、公共施設マネジメントに必要な情報を効率的に集約できることにもつながり、重要なものとなっている。従来の所管課ごとの管理では、情報集約のためには公共施設マネジメント担当課から施設所管課への照会等が必要となるが、施設包括管理で業務自体が集約されているため、少なくとも包括対象施設については自動的に情報が集約される。しかも、施設包括管理による満足度が高いため、対象となる施設が担当部局の要望によって増えてきている状況にあるので、情報収集の効果も高くなっている。

公共施設マネジメントには、施設の統廃合や複合化など施設のあり方の見直しの側面と、施設の長寿命化や管理の効率化など施設の保全の側面があるが、公共施設の更新問題の最大課題である自治体の財源不足は、長寿命化と効率化だけで解決できる規模ではない。そのため、根本的な問題解決には、より時間と労力のかかる施設のあり方の見直しに注力する必要がある。

しかし、国から総合管理計画および個別施設計画を保全計画として精緻なものとするよう要請されていることもあり、多くの自治体は点検結果や修繕履歴等を集約し、これを年度更新していくだけで精一杯といった状況と推察される。対象外の施設もあるため、施設包括管理の導入によって直ちに必要な情報が全て集約できるわけではないが、少なくともそのベースを築くことができる。ここでも日常修繕を含む包括管理の方が、修繕履歴をはじめより多くの情報の集約につながることはいうまでもない。さらにどの施設とどの施設を統合すべきか、機能を充実させて残すべき施設はどこか、優先的に廃止すべき施設はどこかなど、施設のあり方の見直しの具体策を検討する上でも、単に築年数や床面積、稼働率等の数字を根拠とするだけでなく、実際の老朽化の度合いや地元地域との関係性など実情を知っていることで、より現実的で理解を得やすい方策の発案につながると考えられる。

図表３−７　公共施設マネジメントの全体像

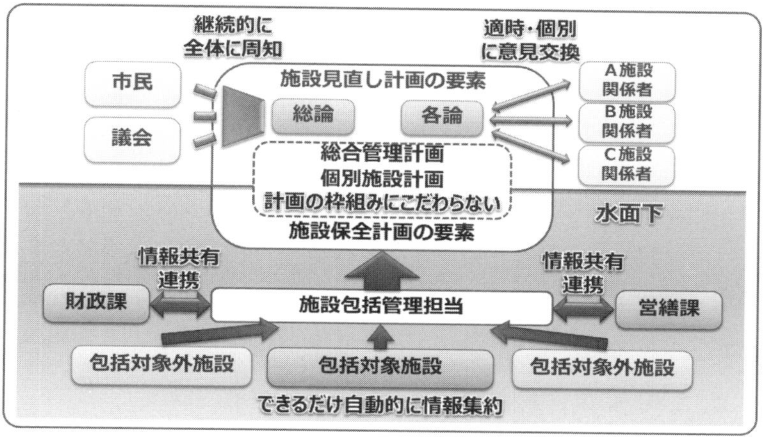

出所：筆者作成

こうして効率的な情報の集約により、施設のあり方の見直しに注力できる状況を水面下で支える役割を果たすという意味で、施設包括管理は公共施設マネジメントの土台になるといえる（図表３−７）。

# 4　包括委託の普及に向けた課題

ここまで見てきたとおり施設包括管理は様々な面で効果的な手法である。しかしこれまでに導入した自治体は約20であり、広く普及しているとはいえない。その理由は、事前調整段階でいくつかの課題があるからと考えている。多くの自治体に共通すると思われる主要な２点に絞って、明石市の事例も踏まえつつ対策を検討する。

## (1)　職員数削減の難しさ

日常修繕を含む施設包括管理が明石市の特徴であるが、これは最初から目指していたものではない。最初は先行導入していた自治体と同様、点検・清掃のみの導入を考えていた。しかし、点検・清掃のみの原案を当時の副市長に提案したものの承認は得られなかった。副市長からは職員数削減につながるだけのコスト削減を求められたのである。３（2）で考察したとおり、点検・清掃のみの施設包括管理では、コスト削減効果は担当職員の仕事の余裕を生み出すに留まり、実際の職員数削減、歳出削減には至らない。安全・安心の向上が本質的なねらいとはいえ、自治体の厳しい財政状況を踏まえれば、職員数削減ができるレベルのコスト削減が導入の必要条件となる自治体は多いと考えられる。コスト削減効果を高めることは日常修繕を取り込むことによって可能になるが、そのために必要な職員数削減に合意を得ることは簡単ではない。

市長・副市長等、自治体上層部は職員数削減を進めたいと考えていても、現場を抱える各施設所管課は、ともかく自課の職員だけは減らされたくないと考えるものである。明石市においても、事前調整の最終段階で施設所管課に具体的な職員数削減の案を提示したところ、色をなして「対象施設に加わるかどうか改めて考えさせてもらう」という反応が返ってきたこともあった。調整役となる公共施設マネジメント担当課としては、上層部の考えは理解できるものの、各施設所管課の協力がなければ導入準備は進められないため、その意向を無視することはできない。こうして上層部を納得させられるだけのコスト削減案を出すことができず、施設包括管理が導入できないのではないかという場面もあった。多くの自治体で検討が頓挫してしまう原因になりかねない課題である。

この課題への対策としては、第1に、早期に自治体の方針とする、第2にほかの大きな課題があるタイミングに合わせて進めるという2点が重要と考える。

まず第1の点であるが、施設所管課は十分な修繕ができていないという課題と、日常修繕に係る事務負担とをよく認識しているので、調整の初期段階で日常修繕も含む施設包括管理の有効性をしっかり説明すれば、自治体全体としての職員数削減を真っ向から否定する意見が出てくることは少ない。この段階で自治体全体としての職員数削減を含めた原案を作成し、各施設所管課から同意を取り付けた上で上層部の承認を得て自治体の方針としておけば、調整の最終盤に施設所管課の各論反対だけで振り出しに戻されるリスクは大きく軽減される。

次に第2の点であるが、組織として取り組むべき大きな課題がある時期には、どこかの部署からそちらに職員を振り向けなければならない。全庁的にそういった人的余裕を生み出す取組みが求められる時期であれば、上層部だけでなく企画、人事部門等の協力も得やすい。全庁的とまではいかなくても、例えば教育委員会内の別の課題に取り組む人的余裕を求められている時期であれば、学校の施設所管課から職員を振り向けるという案に同意を得られる可能性は高まるだろう。

### (2) 地元事業者の理解

この課題に関しては、明石市においては、大きな問題になることはなかった。しかし他自治体では、公募型プロポーザルによる優先交渉権者の決定まで至りながら、地元事業者からの反対意見が発端となって議会を巻き込んだ騒動となり、契約には至らなかったという事例もある。

地元事業者からの反対意見は多くの場合、施設包括管理を導入すると大手の建物管理事業者に仕事を奪われるという誤解に基づいている。自治体は、地域経済の振興と地元事業者の育成のため、工事や物品調達等の契約において地元事業者を優先することを基本としており、施設包括管理の導入によってこの方針が変わるものではない。実際にこれまでに導入した多くの自治体の仕様書には、再委託にあたっては地元事業者を優先すべき旨の規定が盛り込まれている。明石市においても地元事業者への発注金額は導入前後でほぼ同等となっている。大手に仕事を奪われるというのは誤解であることを丁寧に説明することが基本になるが、それ以外の対策として以下の２点が重要と考える。

第１に、検討の初期段階から地元事業者との個別の意見交換の機会を持つ、第２に、特に日常修繕について、元請となる受託者は再委託にあたって中間マージンを取らないルールとするという２点である。

まず第１の点であるが、どのような事業に関してもよくある反対意見は「突然そんな話をされても性急すぎる」というものである。できるだけ早い段階で事業者の意見を聴く機会を設けておけばそういった意見に対抗できる。また不満や疑問の解消には１対多の説明会よりも１対１の個別意見交換の方が有効である。そういう意味で、事前のサウンディングは、効果的な事業の組成の面でも有効であるが、事業者の潜在的な不満や疑問を解消する機会としても有効といえる。地元事業者も含めてできるだけ広く周知し実施しておく方がよい。

次に第２の点であるが、日常修繕の年間金額枠の範囲でいかに効果的かつ効率的に修繕を行っていくかが受託者の業務の枢要であり、発注者である自治体はこれに対して一定のマネジメント経費を支払っている。マネジメント経費の計上の仕方には、年間の金額枠に対して定額で計上する方法と、個々の修繕金額に対して一定割合を積み上げていく方法が考えられるが、通常の工事や修繕においては後者が一般的である。このため、地元事業者としては個々の修繕案件に受託者の経費が計上されることで、再委託を受ける際に過度の値引きを要請されることを懸念するのである。この懸念を払しょくするには受託者のマネジメント経費は定額であることを明確にすることが最も有効と考えられる。発注者である自治体と受託者にとっても、個々の修繕案件に受託者の経費を計上すると、一見、従来よりコスト増となるように見えるため、施設包括管理の有効性の説明にあたっては望ましくない。再委託にあたって中間マージンを取らないルールとする方が、結局、地元事業者、受託者、自治体のいずれにとってもメリットがあるといえる。もちろん定額のマネジメント経費は適正な水準が確保される前提であることはいうまでもない。

### (3) 包括委託の導入を公共施設マネジメントのスタンダードに

普及に向けた課題はあるものの、日常修繕を含む施設包括管理は、早期に確実な効果が見込め、組織の縦割りを打破するきっかけとなり、公共施設マネジメントの土台になる有効な手法である。

今後の公共施設マネジメントのスタンダードになり得る取組みであり、是非、多くの自治体で取り入れていただきたいと考えている。

# 5 公民連携の基礎は適正な「リスク分担」

## (1) 公民連携には「リスク分担」の明確化が必要に

本項においては、「公民連携」(PPP：Public Private Partnership) の手法である指定管理者制度やPFIなどにおける「リスク分担」について検討したい。特に、指定管理者制度における課題を取り上げていきたい。それは、PFIについては、リスク分担に関しての一定のガイドラインが内閣府などで検討されているが、指定管理者制度の導入にあたっての業務の範囲や条件の設定については、議論が進みつつあるものの、公共施設におけるサービス展開の責任（管理運営上のトラブルの予防や事件や事故が起こったときの対応、損益などのリスク処理）を民間事業者と分担する発想や手法が、十分に検討されていない実態があるからだ。また、指定管理者制度は、契約ではなく行政処分行為として扱われるので、要求水準書と協定書によって、自由に公民連携のデザインができる余地があるため、しっかりと「リスク分担」を設定することができれば、使いやすい制度となる可能性が高い。大阪市における大阪城公園の指定管理者による事業運営は、20年という長期間に設定され、指定管理者が数十億円もの投資を行い、利用料金を収益としてとらえて、事業者も大阪市も「資産活用」によって一定の「利益」を得る仕組みを実践している。しかしながら、このような事例はまだ例外であり、単なる「費用削減」の手法としてだけの適用が多いのが実態である。

このような実態にとどまっている要因の1つは、指定管理者制度が制度化されて20年ほどになるが、「リスク分担」について、そのガイドラインが十分に検討されていない現状にあるため、資産活用についての十分な検討と責任分担が整理されていないことにある。このリスク分担に関しては、指定管理者との協定書に含まれている「リスク分担表」が、多くの場合A4判用紙に1枚程度の曖昧な表現で済ませていること、詳細なリスク分担が設定されているPFIの場合でも、その多くが、諸外国の事例とは違って、行政側に事業リスクの大半が帰属するBTO方式が主流であり、事業者側に事業リスクの一部が移転するBOT方式が少ないことにも、リスク分担に関しての関心（緊張感）の低さがうかがえる。

公民連携による資産活用にとって、リスク分担を明確に示すことができれば、特に公共施設という地域の資産を最大限に活用することにつながる可能性が高くなる。

### (2) 公民連携手法によってサービスの最大化を目指す

公民連携による資産活用が進んでいない現状において、その考え方の根底にあるのは、「公共施設の管理運営を『直営』で行うのが原則で、委託契約や指定管理者制度、PFIなどの手法を適用するのは、『カネ』がない（経費削減）ため」、という発想ではないだろうか。さらに、「民間事業者に任せれば、利益追求（営利）を目的としているのだから、収益事業を企画し実現する可能性が高いのは当然」という安易な期待が存在しているのではないか、とも考えられる。

つまり、公共施設を舞台にした行政サービスは行政の責任において行うものとして、そのサービス水準を質的にも量的にも「最大化」するという発想の欠如である。財政上の問題がないのであれば（補助金や起債枠が確保でき、一般財源に余裕があれば）、構想、設計、建設、維持管理業務の個別委託という一連の契約を行政主導で実施し、公共施設整備事業を完結させるのが原則であるが、事業資金調達が十分でない場合は、民間の資金とノウハウをできるだけ簡易かつ安価に「調達する」という姿勢にとどまっていると考えられる。

したがって、公共施設の役割や利用実態、財政上の制約、事業者へのリスク移転を前提に、「サービスの最大化」を十分に検討するのではなく、近隣や類似団体の事例を参考にしながら、表面的な「VFM」が大きくなれば、事業推進を決めることが一般的という状況にある。

地方自治法の「地方公共団体は、その事務を処理するに当つては、住民の福祉の増進に努めるとともに、最少の経費で最大の効果を挙げるようにしなければならない」(第２条第14項)、および「地方公共団体は、常にその組織及び運営の合理化に努めるとともに、他の地方公共団体に協力を求めてその規模の適正化を図らなければならない」(同条第15項) という規定を素直に「遂行」することを真剣に検討・検証しなければならないのではないか。そうすれば、公共施設の一般的な管理運営の実務は、一般職公務員が行うよりも、民間事業者に委ねることが合理的であると同時に、公共施設を徹底的に活用して、「住民の福祉」を最大化する努力をするための創意工夫をすべきであることは明らかである。そして、公共施設の建設と維持管理において、民間事業者の「利益」も確保できることを前提にすれば、事業者側にも一定のリスクを分担させるということをもっと真剣に検討すべきであり、それが公民連携手法の「原則」となるはずである。さらには、公共施設を行政として所有するのではなく、民間の所有施設として、機能を「購入」するという手法も検討するべきであろう。

過去はともかく、現在では一般職公務員の人件費が相対的に勤労者の平均所得よりも高くなっているので、公務員という身分を特に必要としない公共施設の一般的な管理運営業務は、民間事業者の方が低い人件費によって最小の経費で最大の効果を挙げる可能性が高く、経費低減は容易である。しかし、そこにとどまり、「最小の経費で最大の効果」をギリギリまで追求するという姿勢に到達していない傾向があるのではないだろうか。一方で、「稼ぐノウハウがある」民間事業者が、税金を投入した施設で独占的な利益を上げる場合や、事業者が経営不振になることもあるので、経営状況を常にモニタリングし、適正な条件を考える必要もある。さらには、「利益」に関しても指定管理事業者が自治体に提出する決算報告のほとんどに、「利益」という項目がないように、そのあり方や水準に関して十分な議論が行われていないのが現状である。

## (3) 公民連携、リスク分担に関する公務員の役割

上記のような公民連携手法を導入する際の課題を明確にし、本来、公

務員が従事すべき業務とは、公民連携の「総合プロデュース」というように定義する必要もあるだろう。この「総合プロデュース」は公務員が担うのが最も適当と考えられるからだ。

それは、地方公務員法によって「すべて職員は、全体の奉仕者として公共の利益のために勤務し、且つ、職務の遂行に当つては、全力を挙げてこれに専念しなければならない」(第30条) と規定されていることからの援用である。地域全体の状況を把握しつつ、公共の利益の最大化を図るためには、事業リスクとその分担も視野に置いたプロデュース能力が要求されることになる。

自治体などの行政機関がその地域の状況を把握、分析し、必要な施策について十分な資金をもとに「調達機能」を発揮して資源配分を果たしている時代には、行政サービスにおける様々な責任は、行政機関に帰属していた。そして、その責任は、政策分野ごとの縦割り組織と事業・予算執行によって行われていた。

しかし、高度経済成長の終焉によって、行政機関が行政サービスを展開する資金 (税収) が不足して、行政サービスの一部、あるいはその資金分担を民間 (市民、市民団体、NPO や企業など) に委ねる必要が出てきた。ここに、「公民連携」の原点があり、これに伴って、行政サービスへの責任も、そのサービスを担う行政機関、民間事業者、そして市民による一定の「リスク分担」が必要となってきたと、論点を整理できるだろう。

### (4) 民間事業者のメリット内容も明確にする

民間に行政サービス実施の一部、あるいは資金分担を委ねる前提は、そのサービス実施を委ねられた民間側にメリットが存在することである。メリットがなければ、行政サービスを引き受けるインセンティブがないことは当然である。この観点からみれば、民間が施設整備・運営資金を当初に提供することで、一定のメリットを受けることを制度化したのはPFI であり、公の施設の管理運営の全部もしくは一部を民間のノウハウを活用して、市民にも管理運営者にも相互のメリットを引き出すことを制度化したのが指定管理者制度と定義することも可能である。

そして、PFIや指定管理者制度の適用にあたって、最も重要なのは、行政機関、民間事業者の双方と、行政サービスを受ける市民という3者にメリットが生まれることである。同時に、この3者がそれぞれにリスクを分担することであり、そのリスク分担を設定し、管理する第一義的な責任は行政機関（そして、行政機関を構成している公務員）が負うことになる。そのリスク分担を明確にする管理を行わなければ、3者のいずれかにメリットやリスクが偏る事態が生じ、社会構成メンバーが適正な負担の下で成立する行政サービスという前提が崩れる可能性も生じることになる。

# 6 指定管理者制度における リスク分担を参考にする

## (1) 指定管理者制度におけるリスク管理の事例

公共施設マネジメントにおけるリスク分担に関しては、理論的にも、実践的にも研究を進める必要がある。前項では基本的な課題認識について述べたが、ここでは、指定管理者制度におけるリスク分担について具体的な議論を進めるために、2019年、ある民間機関が主催した指定管理者制度に関するセミナーにおける参加申込者からの事前の質問とその回答を紹介したい。

限られた事例ではあるが、寄せられた質問内容をランダムに例示し、それへの最小限の回答例を述べて、実践面でのリスク分担についての基本的考え方を述べたいと思う。

**質問**：ある県では図書館運営の一部（カウンター業務、レファレンスサービス、広報、資料の整理・保存等）について指定管理者制度を導入しているようだが、こうした一部導入はどのような公共施設でも可能なのか。また、一部導入する際の注意点があればご教示いただきたい。

**回答例**：管理運営業務の一部について指定管理を導入することは可能である。その際は、その業務の範囲とその業務を遂行する上での基準とリスクを明示し、トラブル等に行政側と指定管理者のどちらが対応するのかを明確にすることが重要であり、具体的な業務の範囲と基準は協定書の中で、詳細に規定する必要がある。指定管理者制度では、性能発注が基本であるから、要求水準書に則った事業者からの提案内容にそって、業務内容と基準を議論し、協定書にまとめることになる。

**質問**：災害時における指定管理者の業務範囲など、協定に記載すべきこと等についてご教示いただきたい。

**回答例**：災害と言っても、地震や水害、台風や犯罪行為など、様々な状況とレベルがある。したがって、リスク対応において、あらゆる想定を議論して協定にまとめることは時間と労力を要するので、損害保険の約款等を参考に、想定できる災害の種類と程度をできるだけ詳細に設定し、その対応の分担を明記すべきである。

**質問**：施設内で運営するレストラン等については、指定管理業務とするか、自主事業扱いとするか、どちらが適切な方法なのか。指定管理業務に含める場合、条例の使用料（利用料）規定の事例等があればご教示いただきたい。

**回答例**：施設内のサービスが固定的であるならば「指定管理業務」として費用積算を行うことが適当であるが、レストラン等の運営は、施設の稼働状況によって収益が変動することが想定されるので、自主事業とするのが適当である。自主事業としても、施設内のスペースや設備を使用するので、使用料等が発生するときには条例で規定する必要がある。しかし、条例で規定すると、季節や曜日、時間帯ごとの設定や変更が容易でなくなるので、使用料は減免として、利用料金制を適用し、条例で想定される上限金額を設定し、その範囲で柔軟に決定することも可能である。法の規定で利用料金には自治体の承認が必要とされているので、状況の変化に応じて柔軟に対応することができる。想定される収益を設定し、損失が生じても事業者のリスクにすることは当然であるが、公共スペースを使用することから、想定以上の収益が発生したときは、その一定割合を納入させるというようなリスク管理も検討するべきである。大阪城公園の事例では、事業収益の一定割合を「納付金」として納めさせている。

**質問**：本市では一部の施設において経費の二重計上や不適切な現金管理の事例等が監査で指摘されたことを踏まえ、現在、指定管理者制度の運用見直しに向けた取組みを進めている。効果的なモニタリングのあり方や、施設管理運営に関する職員のノウハウが蓄積される制度運用のあり方等が課題と感じているが、どのように対応するのが良いか。

**回答例**：リスク分担の調整も含めて、まさにこのようなモニタリングの機能が、公務員の業務として明確にするべき部分であり、公務員以外には担うことが難しい業務である。この業務に関する職員のノウハウ蓄積は非常に重要な課題であり、２、３年程度の人事ローテーションが通例である現状においては、十分なモニタリングの経験蓄積は難しい。したがって、指定管理者制度のモニタリング業務に関しては、数名の人員配置を行い、その経験年数の合計が一定年数になるように、人事ローテーションや研修の体系を設定する必要がある。そのようなノウハウ蓄積を前提とした人事措置は、公民連携を行う以上は、必須となる。実務を監査法人等に委託することもできるが、責任は自治体にあるので、責任を担う最低限の人的配置は、広域的な自治体間連携も含めて確保しなければならない。

**質問**：指定管理者が行う自主事業について、費用は通常の管理運営経費にプラスして指定管理料に含めてよいのか。

**回答例**：自主事業は、その表現から定義されるのは、指定管理者の「自主的」事業であり、原則としては指定管理料に含まれない。しかし、協定書によって、自主事業が、当該施設の住民利用にとって必要なものであり、実施が必須のものであれば、必要な事業の範囲において費用を指定管理料に含めることもある。自主事業をどのように定義するのかによって、その事業に必要な費用の分担が決まると考えるべきである。また、自主事業によって、一定の収益が想定されるときには、利用料金制の適用を行い、期待できる収益のレベルに応じて、全てを指定管理者の収入にするほか、一定以上の収益に関しては、一部を自治体に納入させるなどのリスク管理（分担）を協定に盛り込むこともできる。

**質問**：指定管理施設の修繕について、日常的な小破修繕は指定管理者が担っているが、施設の老朽化に伴い計画的な修繕が必要となる。リスク負担として30万円以上は自治体と協議して実施することにしているが、今後、大規模修繕等を指定管理のノウハウを活かして実施するための方策等を検討したいがどのように対応すべきか。

**回答例**：まず、「日常的な小破修繕」の定義を明確にする必要がある。さらに、30万円という金額設定がどのような根拠に基づくものなのかを明確にする必要がある。自治体における指定管理者との協定書に明記されている「リスク分担表」のほとんどは、日常的な修繕に関する金額設定を60万円未満とそれ以上としている。この金額以外に、50万円、100万円、200万円なども散見されるがその根拠について明示している事例はほとんどない。

実は、60万円という金額は、国税庁が税務処理上で投資的経費として認める金額であり、それを超える場合には減価償却費としての経費計上の対象となり、納税の繰り延べが適用されるのである。投資的経費以下の金額は、経常的経費として経費が発生した当該会計期間のみに経費計上される扱いとなる。この金額設定は、企業の経営状況によって一定の自由度が認められているが、60万円は、税務処理上の投資的経費としての最低水準となっている。

公の施設に関しては、税務処理上の規定は適用されないので、対象となる施設の状況に応じて、合理的に判断し、将来的に想定される大規模修繕への対応も含めて協定書に明記すべきである。ただし、大規模修繕は、投資的経費の範囲になるので、指定管理者のノウハウを適用するにしても、その経費の負担方法に関しては、資金の積み立て等も含めて様々な手法を検討する必要がある。

**質問**：指定管理者の応募者数が少なく、競争原理が働きにくくなっている。応募者確保の対策事例などご教示いただきたい。

**回答例**：指定管理者制度は、業務委託とは違って、競争原理を前提とする入札のように一定の応募企業を想定する必要はないので、公募することなく、特定事業者との協定によることが可能である。

指定管理者が存在しないような地方の小規模自治体の場合には、競争原理を働かせるというよりも、必要な管理運営形態とそれに伴うリスク分担を明確にして、その業務を担う指定管理者を団体（法人）として設立することも視野におくべきである。指定管理者は、要求水準書をベースにした協定書によって、自主事業や一定の修繕業務も含めた「民間」としての業務を行うので、公の施設の管理運営に関しては、いわゆる「直営」体制よりも効率的、効果的に実施できる可能性が高い。地域の実情に応じて、指定管理者制度の適用も柔軟に検討すべきである。業務に精通した公務員の定年退職後の就労の場とすることも検討できる。

限られた事例ではあるが、上記のような指定管理者制度に関する質問と回答例を参照していただければ、公民連携の基本として「リスク分担」を検討しなければならないことが明確になる。

もちろん、リスク分担を検討しなければならないのは、業務委託においても同じである。「包括的施設管理委託」の意義や進め方でも述べたように、技術的な知識も経験も十分でない施設管理を担当する職員（公務員）が、施設設備の保守点検業務契約を毎年のように、締結を続けていることのリスク分担について、ほとんど検討されていない実態がある。

委託する以上は、「仕様書」によって、業務の範囲や基準を示してあるはずであるが（それがなければ、受託者は作業を行うことはできない）、仕様書も見積書も、既存業者に作成を行わせている事例も多い。幸運にも事件や事故が起きなければ、誰も責任を問われることはないが、不幸にも起こってしまったときには、裁判で刑事責任が判断されることになる。老朽化が進む施設では、専門家に目視で点検を依頼しただけで、鉄筋の露出（コンクリートの強度の低下によるひさしや壁の崩落）、屋上防水の断裂（水漏れによる機器等の損傷）、エレベーターの段差（1cm 程度でも、高齢者がつまずき事故につながる可能性）などが1～2日の点検で見つかった事例も報告されている。

リスク管理・分担を検討することは、施設管理を担当する公務員にとって、非常に重要な課題となっている。

このリスク分担に関して、さらに論点を提供して、効果的な公民連携のあり方を検討していきたい。

### (2) 曖昧な「リスク分担」表の記述内容

ここまで、指定管理者制度におけるリスク分担の一端を検証してきたが、基本的な災害や事故など、非日常の出来事に対するリスクの分担、特にハードウェアの維持管理におけるリスク分担が主であり、施設の最大限の活用（ソフトウェア）、施設を活用した収益事業を行う際のリスク分担がほとんど検討されていない現状がある。また、ハードウェアのリスク分担といっても、後述のように曖昧な表現が多い状況であり、リスク分担の議論はまだ十分に行われておらず、これからの研究課題となっている。

ここでは、具体的な「リスク分担表」をもとに、議論を進めてみることにする。

図表3－9は、指定管理者制度における「仕様書」の一部となっている「リスク分担表」の事例である。これは、「桁違い」の集客力を実現した神奈川県大和市シリウスの事例であるが、項目や内容は、どの自治体のどの公の施設においても、表現の違いはあっても、ほぼ同様の内容となっている。横浜市や北九州市など、施設数の多い政令指定都市などでは、「指定管理者制度の運用ガイドライン」を策定し、標準的な内容を示している。その中にも、基本的には「リスク分担の標準例」が、図表3－9とほぼ同様の様式で示されている。

また、総務省が数年おきに実施している「公の施設の指定管理者制度の導入状況等に関する調査」（最新の調査結果は、2019年５月に公表した2018年４月１日現在のもの）によると、指定管理者制度が導入されている施設数は約７万６千であり、約４割（約３万施設）が民間企業等（株式会社、NPO 法人、学校法人、医療法人等）が指定管理者となっているので、行政と民間企業等の一定の緊張関係のもとに「協定書」に基づく管理運営、つまり、行政と指定管理者が別法人としてリスク分担をしていることになる。

この調査報告では、リスク分担の内容や大規模災害等発生時の役割分担・費用分担が提示されているかどうかについても、その結果を示して

## 図表3－9　リスク分担表（大和市シリウスの事例）

| 種類 | 内容 | 負担者 市 | 負担者 指定管理者 |
|---|---|---|---|
| 物価変動 | 人件費、物品費等物価変動に伴う経費の増 | | ○ |
| | ただし、急激な変動によるもの | 協議 | |
| 金利変動 | 金利の変動に伴う経費の増 | | ○ |
| | ただし、急激な変動によるもの | 協議 | |
| 書類の誤り | 仕様書等の市が責任を持つ書類の誤りによるもの | ○ | |
| | 企画提案書等の指定管理者が提案した内容の誤りによるもの | | ○ |
| 法令の変更 | 管理運営（指定管理業務に限る）に直接影響を及ぼす法令変更 | 協議 | |
| | 上記以外の法令変更 | | ○ |
| 周辺住民・市民等及び施設利用者への対応 | 施設管理、運営業務内容に対する市民等及び施設利用者からの苦情、反対、要望、訴訟への対応 | | ○ |
| | 上記以外のもの | 協議 | |
| 政治、行政的理由による事業変更 | 政治、行政的理由から、施設管理、運営業務の継続に支障が生じた場合、又は業務内容の変更を余儀なくされた場合の経費及びその後の維持管理運営経費における当該事情による増加経費負担 | ○ | |
| 不可抗力等 | 不可抗力に伴う、施設、設備の修復による経費の増加によるもの | 協議 | |
| | ただし、不可抗力及び大和市の責めに帰すべき事由に伴う、業務履行不能による休業補償等 | 協議 | |
| 施設・設備の損傷 | 施工不備等による施設・設備の故障・損傷 | ○ | |
| | 経年劣化によるもの（1件当り130万円（消費税及び地方消費税含む）未満の修繕費） | | ○ |
| | 経年劣化によるもの（乙の責めに帰さない修繕で、上記以外のもの） | ○ | |
| | 第三者の行為により生じたもので、相手方が特定できないもの（1件当り130万円（消費税及び地方消費税含む）未満の修繕費） | | ○ |
| | 第三者の行為により生じたもので、相手方が特定できないもの（上記以外のもの） | ○ | |
| | 上記以外のもの | 協議 | |
| 第三者への賠償 | 管理者として注意義務を怠ったことによるもの | | ○ |
| | 上記以外の理由により損害を与えた場合 | 協議 | |
| セキュリティ・情報の保護 | 管理不備による情報漏洩、事故・事件の発生 | | ○ |
| 需要変動 | 利用者の増減に伴う管理者の収益の増減 | | ○ |
| 債務不履行 | 管理者の事業放棄、破綻等によるもの | | ○ |
| 事業終了時の費用 | 期間満了、中途における業務廃止に伴う撤収費用及び新しい指定管理者への引継費用 | | ○ |
| 利用者の許認可 | 管理者の責によるもの | | ○ |
| 事業の変更・遅延・中止 | 市の都合による事業の変更、遅延、中止 | ○ | |
| | 管理者の運営上の瑕疵、事業放棄、事業破綻によるもの | | ○ |
| 要求水準未達 | 管理者の運営が協定書の水準に満たない場合 | | ○ |
| 運営停止 | 管理者の責によるもの | | ○ |

出所：大和市文化創造拠点指定管理者業務仕様書の「別紙2」

**図表3-10　リスク分担、大規模災害時役割・費用分担の提示状況**

| | 必要な体制の整備 | 地方公共団体への損害賠償 | 利用者への損害賠償 | 修繕関連 | 備品関連 | 緊急時の対応 |
|---|---|---|---|---|---|---|
| 都道府県 | 99.2% | 76.6% | 97.1% | 77.3% | 74.9% | 98.8% |
| 指定都市 | 96.7% | 97.1% | 96.6% | 99.9% | 97.8% | 98.4% |
| 市区町村 | 86.7% | 94.9% | 93.9% | 97.5% | 91.9% | 91.5% |
| 合計 | 88.9% | 93.5% | 94.5% | 96.0% | 91.0% | 92.9% |

＊リスク分担に関する各事項について、約9割の施設で選定時や協定等に提示

| | 大規模災害等発生時の役割分担 | 大規模災害等発生時の費用負担 |
|---|---|---|
| 都道府県 | 30.2%(46.3%) | 42.9%(60.3%) |
| 指定都市 | 66.1%(68.6%) | 73.3%(71.1%) |
| 市区町村 | 57.2%(60.3%) | 55.2%(57.0%) |
| 合計 | 59.3%(60.1%) | 56.0%(58.9%) |

＊大規模災害等発生時の役割分担・費用負担について、約5割以上の施設で選定時や協定等に提示
・( ) 内は、「大規模地震にかかる災害発生時における避難所運営を想定した指定管理者制度の運用について」（平成29年4月25日 総行経第25号 総務省自治行政局長 通知）発出後に協定締結又は更新した施設に占める割合
出所：「『公の施設の指定管理者制度の導入状況等に関する調査結果』の概要」（総務省、令和元年5月17日）より作成

いる。（図表3-10）

このような事例や調査内容について、地域における小規模な集会施設であっても、数千m²の規模で、年間数十万、数百万人という利用者を集め、施設設備の保守点検や企画事業に専門家の配置をしなければならない施設であっても、ほとんど同じ「リスク分担表」が適用されていることに違和感は覚えないだろうか。

さらに、図表3-9をみれば、各項目の内容は極めて曖昧であることが分かる。例えば、最初の項目である「物価変動」であるが、「経費の増」は、指定管理者の負担となっているが、「急激な変動によるもの」は「協議」となっている。どの程度の変動が「急激」と解釈されるのか、その場合の「協議」とはどのような形態をとるのか（申請によるのかどうか、意思決定権限はどこにあるのか、利用料金の値上げは主要な手段となるのか、など）、協議が決裂したときはどのような対応となるのか

（裁判か、指定の「取り消しか」）なども明確になっていない。

また、具体的な数字が記載されている「施設・設備の損傷」の項目は、前述の「質問と回答」でも述べたように、経年劣化による設備等の修繕費用の負担区分が「１件あたり130万円」未満と以上とに分けられているが、修繕工事の「１件」の範囲が明確ではなく、関連する工事の「一式」の場合と、細かく分割した場合では解釈が分かれる可能性がある。また、130万円の根拠も、様々な金額の事例があるが、本件の場合には、地方自治法施行令第167条の２により、随意契約によることができる場合として例示されている「工事又は製造の請負130万円」を援用したものと考えられるが、明確な根拠は示されていない。

前述のように、自治体が設置責任を負う施設設備の主要部分と、日常的な管理運営上で消耗する部分のように、性質別に負担区分を設定すべきであろう。

企業では、税金の計算上、投資的経費と経常経費とに分けて、税務処理上の目安として60万円という金額が国税庁によって示されているが、公共施設の場合は、税務上の区分は発生しないので、施設設備の性質で区分すべきである（大規模マンションの場合には、完成後のアフターサービス保証の部分は、細かく年数が表示されているし、共有部分と専有部分の区分は、管理費や修繕積立金で充当する部分と、所有者の負担する部分を明確にする必要があることから、やはり、細かくその区分が示されている）。

このように、項目の１つひとつについて、詳細な条件を設定して検討すると、「分担」が明確に示されている項目はほとんどないことが分かる。

### (3)「不可抗力」の事態においても「協議」とされている

リスク分担表の「不可抗力」の項目も、「協議」とされている。この不可抗力とは、横浜市の「指定管理者制度運用ガイドライン」では、「暴風、豪雨、洪水、高潮、地震、地すべり、落盤、火災、戦乱、内乱、テロ、侵略、暴動、ストライキなど」と定義されている。この協議がどのように行われたかについては、大阪城公園PMO事業においての事例が公表されていた。

この事例は、「市民の声」に対する「市の考え方」を説明する形式となっている。市民から、「平成30年9月4日の台風21号による被害は『不可抗力』であると考えられますが、その復旧に要する経費は指定管理者と協議した結果どうなったのでしょうか。具体的には、『復旧に要する経費』『大阪市と指定管理者の経費の負担割合』『経費の負担割合を決めた両者の責任者名』『経費の負担割合が決まった日』を教えて下さい」という質問に対して、「『大阪城公園パークマネジメント事業　大阪城公園及びほか5施設管理運営業務基本協定書』(以下、『協定書』と言います。)において定めており、リスクの種類が『不可抗力』の場合は、本市とPMO事業者で協議の上、復旧費用等の負担を決めることとしております。平成30年9月4日の台風21号の影響により、大阪城公園では園地や天守閣をはじめ、非常に多くの被害がありました。これらの被害にかかる復旧費用については、協定書にあります自然災害(地震・台風等)等『不可抗力』への対応であるため、本市とPMO事業者で協議を行い、樹木や柵、ベンチ等の公園施設(大阪城天守閣及び大阪城音楽堂を除く)につきましては、その被害の大きさ等を鑑み、平成30年10月31日付けで、大阪市長からPMO事業者あて、業務指示書により、復旧費用を全額本市が負担することを通知いたしました」という回答が示されている。

復旧費用の全額が大阪市の負担になったということであるが、大阪城パークマネジメント共同事業体に非公式に聞いたところ、「数千本の樹木が倒壊するなど、その処理にも多額の費用がかかり、共同事業体として特別損失を計上することとなった」とのことであった。詳細を取材することはできなかったので、確実な情報ではなかったが、協議の対象範囲と費用負担は単純に詳細を決定することには困難があったようであり、指定管理者に一定の負担が生じたようだ。協議という分担の内容は、事態が起こってからの交渉によって決まるということであるが、実質的には「力関係」で決まることになることを、大阪城公園PMO事業の事例は示しているようだ。自治体の規模や財政状況、指定管理者の企業としての規模や資力、さらには、「政治力」も含めて、リスク分担に合理的なルールを適用するには、困難が予想される。

### (4) 日本では契約書の内容も曖昧な部分が多い

「リスク分担表」の記述は、指定管理者制度が契約行為ではなく、行政処分行為なので、「協定書」の一部となっているが、実質的には契約書に近い内容となっている。日本では、契約書の作成（締結）にあたって、「協議」という条項を設けて、「本契約に定めのない事項については、関連法規および慣行に従い、甲乙誠意を持って協議する」という主旨の規定を行うことが多い。

筆者は、この状況について、日本は世界でもまれにみる「同質型社会」（身体的特徴が似ていて、言葉、文化、生活習慣などの共通性が高い）であり、生活や取引が「腹を割って話せば分かる」という「性善説」的な慣行で行われることが多いために、契約行為においても「協議」という規定は大きな特徴となっているのではないかと考えている。反対に、アメリカは、多民族、移民で成立している国家なので、異なった身体的特徴を持ち、文化や生活の伝統も様々である「異質型社会」であり、他人を簡単には信用しない考え方が基本となっているために「契約社会」となり、例えば、弁護士が日本の数倍も存在するような「訴訟社会」が形成されていると考えることもできる。したがって、経験的には、アメリカにおける契約書は精緻な部分に及ぶ記述も多く、膨大な文書量であることが一般的であるという印象がある。

以上の、日米の違いは、十分な検証に基づくものではないが、「リスク分担」においても、「日本型契約」の特徴が反映していると考えられるのではないだろうか。日米の契約概念の違いは、歴史的文化的な背景の違いに由来しているために、どちらが正しいという判断はできないが、かつては成長型経済のもとで確保できていた、「資金的な余裕」がなくなってきている現在においては、日本型の契約概念も、もう少し精緻な議論を重ねる必要が出てきていることは確実である。

### (5) 管理面のリスク分担に加わる事業面でのリスク分担

ここまで検討してきた「リスク分担」の議論は、指定管理者制度を中心とした「公民連携」事業の中で、主として施設設備の管理に関するものであった。指定管理者制度にしても、PFI 事業にしても、これまでは、施設設備の管理運営における VFM に代表される効率性を進める取組みであった。しかし、公共施設が老朽化し、それを更新する財源が不足している現状では、公共施設でも「稼ぐ」ことによって、公共施設マネジメントにおける資金を一定程度確保することに関心が高まっている。

大阪城公園 PMO 事業の事例では、大阪城を国際的な観光拠点として「稼ぐ」事業を民間事業者に委ねるとともに、その収益を前提に、これまで公的な資金と労力を投入してきた公園の管理業務も民間事業者に義務づけた、という側面もあると解釈できる。そして、現在までは、大阪市として管理経費の削減になるとともに、民間事業者の収益の一部も納付させるという効果も生じている。

しかし、対象となっている「公園」は、市民財産でもある公共施設なので、特定の事業者のみが大きな利益を実現することに対する何らかのコントロールも必要となる。あるいは、不測の事態で、事業者の利益がなくなり、事業撤退するリスクが生じる可能性も考えなければならない。収益事業が想定されるときは、高リスク高配当、低リスク低収入などの基本的な方向性と、公共施設を使う以上は、その水準の設定が大きな課題になるのである。収益の程度を十分に予測し、一方で、事業に内在するリスクを回避する工夫が求められることになる。

大阪城公園の場合は、日本を代表する大都市であり、誰もが知っているような歴史資産を舞台に展開したので、「採算性」の確保は、容易に想定できた。しかし、地方の小規模自治体での「収益事業」でも、成功事例が存在している。

例えば、人口3万程度の町で、年間90万人を集客して話題となっている「オガール紫波」(岩手県紫波町)では、紫波町が出資した株式会社で整備、管理運営を行っているが、基幹施設である「オガールプラザ」

は、事業採算性確保のために、建設単価をギリギリまで落とすとともに、図書館部分を町が区分所有として買い取り、株式会社としての投資事業に、公的な負担を組み合わせ、テナント賃料を安価にしている。さらに子育て応援センター部分を賃借することで、運営経費にも一定の保証を組み込み、低い賃料をさらに低くすることで、テナントの経営を安定化し、サービス単価も安くして多くの客を集めるというような工夫もしている。つまり、事業リスクを十分に検討し、民間投資と公的支援を組み合わせるという「リスク分担」を実現しているのである。

この公共施設における収益事業の概念は、始まったばかりなので、これから十分な研究が必要であり、その「リスク分担」(負担と利益との関係も含めて)も重要なテーマとなるだろう。指定管理者制度やPFIでは事業期間が設定されるが、管理と収益事業のそれぞれのリスク分担をモニタリングし、場合によっては、事業期間内でも、協定書や契約の見直しも必要になるかもしれない。

公民連携事業は、これからの公共施設マネジメントにとって、必須の手法であるが、リスク管理と分担の議論はまだ始まったばかりであり、説明責任を果たすためには、現時点においては試行錯誤を続ける可能性があることを認識すべきであろう。

# 7 やってみればハードルは低い

## (1) 何とかしなければならないことから始まる

「何とか対応しなければならないけれど、予算が確保できない」（カネがない！）というのが、公共施設マネジメントを進めようとする担当者の最大の悩みである。その悩みに対して、課題を分析しながら、全国の先進事例を研究し、可能な手法を徹底的に検討することで、「何とかなった（した）」という事例は、意外と多い。

「総論賛成、各論反対なので合意形成は難しい」「上司に理解がなく、動いてくれない」「財政担当が予算をつけてくれない」という「嘆き節」は数多く聞くが、そのような担当者がいる自治体では、「何も進まない」のが、残念ながら通例である。

では、「進んだ」自治体では、どのように進めたのか。

それは、「とにかくカネを見つけ出し、上司と周りを説得する」ことだ。様々な事例を調べ、制度や事例紹介のセミナー等には、自費でも参加して、主催者や講師に相談してみる、という職員が存在する（した）という「事実」である。

自分の関与する範囲で、部分的にでも施設整備や施設再配置・統合の必要性を徹底的に分析して、庁内外の関係者を説得する熱意を持ち、本気で取り組む姿勢が明確になれば、制度とカネの問題は、「何とかなる」ことが多い。このケースは、個別施設の担当者だけではない。公共施設マネジメントの担当部局でも同じことがいえる。マネジメントの担当部局は、直接に施設の更新・再配置事業を担当するのではなく、公共施設全体を網羅的に、計画的にマネジメントすることが「建前」のミッションである。しかし、現段階では、ほとんどの自治体においてそれは「幻想」である。「思いを持った」職員が、網羅的ではなく、１つでも２つでも、具体的な実践に取り組むことで、それがほかの施設にも波及するというのが、先進事例の実態となっている。市庁舎の駐車場をコンビニエンスストアに貸し付けた神奈川県秦野市、包括委託を初めて実施した香川県まんのう町の事例などはそれを示している。公共施設マネジメントの担当部局が設置されても、2、3名の専任体制が限度なので、公共施設マネジメント担当としては、「やる気」のある1、2名の施設担当者を探し出して、一緒に事業化を検討することがマンパワーからみた業務量の最大限であり、数十、数百の施設を対象に、無数の更新・再配置をプロデュースするには経験も権限もない実態がある。

とにかく1歩を踏み出せば、カネの問題はもちろん、従来からの様々な制度や慣習を乗り越えていかざるを得ない。しかし、それを突破する経験が、その後のマネジメントに大きく役立つことになる。事実、先進事例を創りだした職員は、次から次へとマネジメント（イノベーション）の課題に取り組んでいることが多い。

上記のような現状において、当初はPFIについて十分な知識・経験を持っていなくとも、先進事例を研究し、的確なアドバイザーを見つけて、差し迫った課題に真摯に向かい合い、短期間で成果を上げた事例を紹介したい。

### (2) 当たり前の手法を当たり前に実践する

鹿児島県鹿屋市で、PFI（BTO方式）による、子育て世帯向け「地域優良賃貸住宅」建設が始まったのは2015年であった。鹿屋市は、大隅半島にある人口約10万の自治体である。鉄道駅は遙か以前に廃止となり、九州新幹線の鹿児島中央駅までは、桜島を見ながらの錦江湾フェリー利用が最も早く、鹿児島空港にも陸路で約1時間半かかるというように、めぐまれた立地ではない。そして、『永遠の0』という小説・映画で有名となった旧特攻基地の跡地に海上自衛隊の航空基地がある関係で、一定の経済基盤と常住人口は確保できているが、社会移動は少なく、持続可能なまちづくりのためにも、子育て世帯向けの住宅確保は主要課題の1つとなっていた。

一方で、老朽化した市営住宅の建て替え事業が実施され、高層化などで一定の集約化は実現したものの、残りの3分の1の敷地は、財政難（財源難）のために、事業化への見通しは難しい状況にあった。新築の住宅の目の前に古い公営住宅がそのまま残り、景観的にも衛生的にも問題がある状態にあった。もちろん、その維持管理費で財政負担は続き、公営住宅法に基づく法定建替に位置付けられていた土地なので用途変更や売却も難しい状態となっていた。

出口の見えない状況の中で、当時、建築住宅課に所属していた技術系職員が、小規模自治体におけるPFI手法を応用した賃貸住宅建設の事例紹介のセミナーに参加し、PFIという民間資金を活用する事業手法があることを知った。また、公民連携の手法で注目を集めている岩手県紫波町「オガールプロジェクト」にも関心を持ちながら、凍結されていた市営住宅の跡地の開発に向けて動き出した。セミナー主催者などに、その事業手法の詳細を聞き、PFI方式を採用すれば、賃料収入によって建設・維持管理費をまかない、当面は市の予算を使わずに、国庫補助金（社会資本整備交付金）も導入できて、賃貸住宅を建設できる可能性があることを知った。そして、上司に働きかけて取組みへの合意を得、事業手法を理解した上司も関係部局との調整を弾力的に進めることとなった。

おおよその計算で、国からの交付金を前提に、家賃収入によって建設費と維持管理費が確保でき、市の直接的な財政負担をゼロにする試算ができたので、事業化に向けて細部を詰めていけば良いことになった（もちろん、煩雑な契約や設計・建設工事などの調整は大変な業務量であるが）。

### (3) 公有地（資産）と公的資金（交付金）投入の理由

鹿屋市における、この子育て世帯向けの地域優良賃貸住宅の建設が軌道に乗ったのは、収支的なバランスに関して、敷地となる公有地（資産）の無償提供と国（国交省）からの3億円の交付金の存在、そしてPFIの適用によって一括発注、性能発注が可能となったことで生まれたコストメリット（時間コストと人件費の大幅減）が大きな要因となっている。建設に関する総事業費が約10億円なので、土地が有償で、交付金がなければ、当然に家賃水準が高くなり、入居率（想定は90％で、現在は100％）が確保できずに失敗に終わる可能性もあるが、これについて、公的な関与を行うことに対するしっかりとした、まちづくりの効果に対する説明がなされている。

この事業の対象となった地区は、もともと公営住宅が存在し、その老朽化と入居者の高齢化によって、「地区の活力」が徐々に低下する状況にあった。施設の老朽化に対しては、国の公営住宅政策もあり、立て替えも補助対象となるので、高層化による建て替えが行われた。しかし、従前入居者が多く、高齢者や低所得者が多く居住しつつも、徐々に対象世帯が少なくなる傾向にあった。こうした中で、公営住宅の収入基準を超えた世帯や中堅所得者で若い世帯に入居を促す方策が検討され、子育て世帯やその予備軍である新婚世帯を対象に優先入居させることで、地域の活性化を図る方針となった。社会的弱者への支援にとどまらず、持続可能なまちづくりのための住宅対策の拡充である。

この子育て世帯を優先させる方針は、子育て中の不安や喜びを共有できる仲間が近くに複数存在するという安心感、家の中で跳び回る子ども

**図表３-11　鹿屋市の子育て世帯向けの地域優良賃貸住宅の建設スキーム**

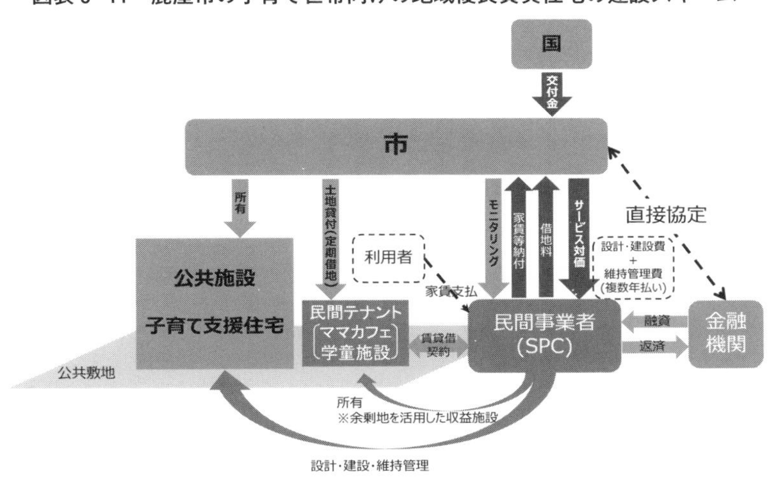


出所：鹿野市事業担当者作成資料

の「音」も上下左右の家庭で「お互い様」という心理的な緩和があることなどで、快適な子育て環境の基盤を提供することになる。名称も、「ハグ・テラス」として、ロゴマークもつけるなどのほか、民間主導の設計では子育て世帯に向けた以下の工夫がされている。

・「お出かけ」の準備に手間取る玄関ホールは広く余裕をもたせた
・浴室の脱衣室も親子で使えるように広くとり、トイレもトイレトレーニング時期の子どものために椅子を置くスペースを確保した
・家族の様子がよく見え、子どもとも対話ができるカウンターキッチンを設置した
・子どもが遊べるような広いリビングには、移動間仕切りがあり、個室にも転換可能とした
・南向きで採光が十分なサッシと奥行きのあるバルコニーを設置した
・人気のない1F の住居には専用駐車場を隣接させて、自転車置き場も含めて利便性の向上を図った
・PFI によるメリットとして、民間のノウハウを活かして、敷地内のプレイロットやママカフェの設置による「たまり場」の確保、小学生には学童施設の提供、さらには、大量の洗濯物に対応できるコインランドリーの設置などの子育て世帯に対応した創意工夫を敷地内に実現している。

このような工夫は、公共施設の「恩恵」を受けることが少ない子育て中の「ママ友」に格好の「たまり場」を提供することになったのである。しかも、これらの施設・設備は全て民設民営で行われたために、その建設費を極限まで低減させながら、機能は最大に発揮するような工夫がされている。これだけの工夫が集積された住居なので、整備した40戸は、当初から満室状態となり、それを維持できる可能性が高いということである。

名称も「ハグ・テラス」として、子育てに優しい住居であることを示しているので、当初から全世帯入居で、収益分岐点として想定した入居率90％を超えて、市の負担ゼロを実現した。さらに収益を将来の修繕積み立てに回すなど、「健全経営」の状態を実現している。

子育て世帯向けの住宅整備で、地区の活性化を促すことに貢献していることは、公有地（資産）の提供や国からの交付金投入に対する十分な説明・実施となっている。そして、現実的な効果として、40戸に住む数十名の子どもやその親が敷地周辺で動く姿が日常的光景となり、いわゆる「にぎわい」を創り出すことにもなっている。

この取組みの成功体験から、市郊外で「海に１番近い」と言われた小学校が廃校になったことに対して、廃校施設の利用提案を公募し、滞在宿泊型のリノベーションを実施することとなった。「ハグ・テラス」にも関わり、市との信頼関係を築くことのできた企業が中心となり、2018年には「ユクサおおすみ海の学校」を「開校」し、一定の合宿需要などを受け入れている。校長室はツインルームに改装し、ユニットバスも高床式にするなど、学校らしさをのこしながら、ユニークな設計を最低限の投資費用で実現している。2019年には、どこで情報を入手したのか分からないとのことだが、アメリカの有名大学が、夏期の２週間のインターナショナルセミナーを開催することで予約が入ったという。採算性が確保できるかどうかは、現段階では見通せないが、立地を活かした廃校リノベーションは、ある程度の利用者を集めつつある。

このように、１つの成功事例は、波及効果を生む可能性が高い。

## (4) さらなる効果的・効率的なプロジェクトへの論点

１人の担当者の熱意と学習から始まった、鹿屋市のハグ・テラスプロジェクトは、これからの公共施設の整備のあり方の１つを示しているが、さらに、効率的、効果的な公共施設の整備を進めるためには、この成功事例からいくつかの論点を設定する必要があると考える。

それは、この章で検討した「リスク分担」を軸にした検討事項である。

第１に指摘できるのは、住民のニーズに立脚した住宅（施設）の提供であれば、PFIでも、民間にリスクの多くを移転させるBOT方式（Built Operation Transfer：建設し、運営した後に所有権を移転する）が可能ではないかという点である。BTO方式（Built Transfer Operation：建設し、所有権を移転した後に運営委託する）では、民間のリスクが小さいので、民間事業者としては、建設事業での利益に注目し、運営事業については、行政からの受託事業として要求水準のギリギリの線でのサービスにとどまる可能性がある。

ハグ・テラスの事例では、開発の要求水準書で、住宅部分は子育て支援機能について設計者の意向が活かされ、敷地内では、住宅に隣接している学童施設、ママカフェなどの所有と運営は民間の意向が活かされるので、最低限の建設投資と合理的な運営との両方を実現できている。つまり、民設民営の施設がセットになっているので、民間の創意工夫が最大限に発揮できている。しかし、BTO方式で、多くの事例のようにSPC（特別目的会社）が大手建設会社の主導であると、建設事業に関心がシフトされ、施設整備後の管理運営（特に収益を伴う運営）には関心が薄くなる（最低限の管理運営を受託するだけで、収益を最大にするような創意工夫が生まれにくい）傾向にあるのではないか。

近年、PFIの推進において、「コンセッション」（事業運営権）が注目され、行政に所有権がある施設（空港など）に、民間の運営権設定がされている。この場合、民間の創意工夫が発揮される可能性は高いが、行政所有の施設や主要設備にどのように付加的な施設・設備を設置するのかについて、所有区分、管理区分の設定が非常に複雑になる可能性がある。

それよりも、第２章で紹介したイギリスにおける学校のBOT方式による運営のような形態であれば、所有権と運営権が一体化しているので、時代環境の変化や施設の劣化、市民需要の変化に柔軟に対応した運営ができる可能性が高いのではないだろうか。

日本のPFIの大部分は、BTO方式であり、また、PFI事業の適用については、事前の可能性調査においてPFIが、行政が直接に建設運営するPSC（Public Sector Comparator：従来型手法で実施する場合の事業期間中の公的財政負担の見込額の現在価値）と比較してVFMが生まれるという説明をしている事例が多い。しかし、現在のように低金利政策によって、民間の資金調達コストが低くなり、地方債との年利率差が１％程度しかない場合には、性能発注、一括発注による事務人件費と期

写真３－３　住宅に隣接して、学童施設（アフタースクール）とママカフェが設置されている

間（時間）縮減によるコストダウン効果の方が高いので、複雑な可能性調査をしなくともVFMは生じることになるだろう。さらに、我が国における賃金と物価上昇率が低い（インフレーションよりもむしろデフレーションの傾向にある）状況では、「割引率」も設定が困難になる可能性が高い。そして、国際的に見ても、日本だけが、PFIにおけるBTO方式が主流である主因として、国（省庁）の補助金が建設時の一括補助であり、事業期間にわたる分割補助を否定していることにあるという指摘もある。

BOT方式であれば、事業運営での利益が重要となるので、VFMも事業運営による利益と性能発注、一括発注のもとで、どれだけの複合効果を想定するのか、施設設備の仕様と運営手法とのバランスをどのようにとるのかという真剣な議論になるのではないか。

鹿屋市のハグ・テラスプロジェクトが、大きく成功した事例をみると、次の課題として、公民の「リスク分担」（特に収益事業におけるリスクのとりかた）を明確にして、BOT方式によるVFMを最大化する工夫が生まれるのではないかと期待している。

# 8 施設を所有することのリスクを考え、「持たない」経営

## (1) 公共施設の所有概念を見直す

民間企業の経営の傾向として、バランスシート（貸借対照表）上の固定資産圧縮を図る「オフバランス」が「常識」となっている現状がある。公共部門においても、施設の老朽化という課題の中で、固定資産を保有し続けることが維持修繕費の負担によって財政を圧迫することや、事件・事故によって過失責任を追及されるなどのリスクとしてとらえられはじめている。

かつては、行政サービスを安定的に提供するにあたり、土地や施設という「資産を持っていることの安心感」を追求するために、土地開発公社による土地の先行取得が法制度上整備されたこともあるなど、資産拡充が政策的にも図られてきた。しかしながら、経済成長の終焉とともに資産を持つことの財政的負担が強調されるようになり、資産を持たない施設経営の可能性を検討する必要が出てきた。

税収が頭打ちになっている時代にあっては、福祉・医療、教育、インフラ保全、防災防犯という基本的かつ欠かせない行政サービス機能にも十分な資金が回らなくなって、住民の生活基盤にゆらぎが生じていることが多くの自治体における現実である。そのため、様々な市民活動の場を提供する公共施設の老朽化への対応も十分にできなくなっている。このような状況にあるにもかかわらず、一部の自治体では人口減少傾向がはっきりしているのに、２～３割も床面積を増やす新庁舎や、「市民文化施設」、「コンベンション施設」に数十億円もの巨費を投じる傾向が未だにあるのはなぜだろうか。大型の施設は、目に映りやすく、成果としてアピールしやすいのかもしれないが、このような自治体は、行政サービスのあり方も、公共施設の機能も、将来世代への負担もほとんど考慮していないと判断せざるを得ない。

ここでは、リース方式を活用して、施設所有を前提とせずに、必要不可欠な機能を実現するという合理的な手法を検討するのであれば、そして、現在はもちろん、将来においての負担を最小限にする資金調達で行うという発想を持てば、公共施設マネジメントにおいて相当の改善が実現する可能性があることを検証したい。もちろん、リース方式が理想的な事業手法ということではなく、公共施設に関する従来の概念や「持たない施設（経営）」の整備手法を再検討する１つの事例として検証するものである。

## (2) リース方式の活用なら「個別施設計画」は必要ない

総務省が2020年度中に策定を要請した「個別施設計画」は、「固有名詞」として、「公共施設適正管理推進事業債」の適用を申請するための前提となる計画であり、「普通名詞」としての個別施設計画ではない、と考えられる。2021年度以降に「公共施設適正管理推進事業債」を活用して、施設整備を進める計画がある自治体は、既に「個別施設計画」の策定作業を進めているのが現状であり、計画策定に戸惑いを見せている自治体の大半は、どの施設から更新（再配置）事業に着手するのかという「結論」に至っていないという状況にある。そして、公共施設の再配置を進めるための財源としては、総務省が用意している「公共施設適正管理推進事業債」を財源とするしかない、と考えているために、どのような「個別施設計画」という「書類」を作成したら良いのかと「悩んでいる」状況にあるのではないだろうか。

もし、当面実施する施設整備（再配置事業）に地方債適用ではなく、リース方式を活用するのであれば、当面の「個別施設計画」策定は不要ということになる（普通名詞としての個別施設の計画は必要であるが）。

現時点で、リース方式を検討するメリットの第一は、施設建設における従来型の財源（補助金や交付金、地方債、そして一般財源）を確保するためには、補助事業や地方債の事前協議を所管している省庁（および、その窓口になっている都道府県）との協議をすることになるが、民間資金を導入するリース方式では、その「協議」の必要がなくなることである。つまり、当該自治体で必要最小限の施設更新をモデル事業として想定し、その機能と立地（用地）、おおよその賃借料と事業費を検討し、自らの判断で事業実施ができることになる。

そうはいっても、どの自治体も、学校や住宅、市民利用施設の多くが老朽化している状態なので、どの部局も施設更新事業の予算要求を行うことから、「優先順位」を決定することに困難と不安を抱えている。しかし、老朽化が進んでいる数十の施設を全て更新することは、財源からもマンパワーからも全く不可能であることは明白なので、この先５年間をみても２、３の施設に複合的な機能を持たせるような施設更新事業を企画するしかない。

要点は、「個別施設計画」策定よりも、どの施設に優先順位を与え、その施設を可能な限り複合的に、多機能的にデザインして、多くの市民が活動の場として利用できることを目指すことが必要ということである。この優先順位を決定するために、老朽化の度合い、利用状況、運営コストなどをデータに基づき判断することが第一に行うべきことである。

優先度を判定し、更新対象施設が決まれば、リース方式を想定することによって、事業化は短時間で実現できる可能性がある。

リース方式を活用する際の、事業化における時間節減の効果は次の通りである。

・通常の予算（当初予算、補正予算）編成の日程に縛られずに、検討開始日程を自由に決められる。
・おおよその施設プランを想定し、サウンディング調査などで、専門家や事業者からの意見、アイディアを提供してもらい、国（府省庁）のメニューの制約にとらわれずに、自由にプランの具体化を進めることができる。
・プランの大筋（機能、立地、事業費、将来負担額等）を庁内調整、市民（利用者）・議会への打診によって決定すれば、議会での債務負担行為の設定を決定することで、事業者選定（公募等）に着手できる。
・事業者が決定すれば、設計・建設工事の一貫施工となるので、直ちに設計作業に着手し、竣工までの事業スケジュールの概略も固まる。

このように、通常の整備手法と違って、民間資金を財源とするために、年度ごとに区切られた予算編成・執行という手続き上のスケジュールに拘束されないことが大きなメリットとなる。

また、民間資金を財源とすることは、基本構想の検討の中での補助金や交付金、地方債等の活用において、関係省庁や都道府県との調整を省略できることで、少なくとも半年以上の時間が節約できると考えられる。さらに、図3-12のように、従来方式と比較して、予算編成、議会での審議期間など、通常の年度単位の行政手続のスケジュールに縛られずに事業を進めることができるので、総合的な事業期間は半減し、その間の担当者の人件費が節減できることになる。

人件費についてであるが、通常は、庁舎整備などの大型事業のためには、担当者が数名配置されることが通例である。仮に5名の職員が配置されると、1人あたり1千万といわれる人件費は年間5千万円、事業期間の約6年で3億円にも達する。これに対して、リース方式を採用すると、愛知県高浜市の新庁舎建設の事例では、契約（設計開始）から竣工まで、わずか1年半ほどの工期だったので、事務手続の大幅な減少による人員削減と工期の短縮によって、人件費は5千万円程度と、通常の場合の数分の1となり、2億円以上が節減できたことになる。仮に基本構

図表3-12　従来方式とリース方式との事業期間の比較

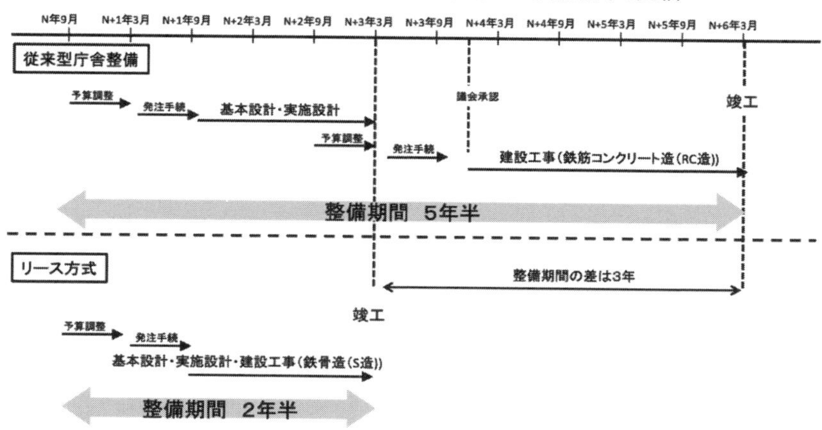


出所：筆者作成

想の策定に１年を必要としても、事業期間は２年半にすぎず、大幅な人件費削減となる。図表３-12の建設工事期間の違いは、鉄筋コンクリート造（RC造）と鉄骨造（Ｓ造）との工期の差である（工場で製造された躯体を現場で組み立てることができるので、鉄骨造は鉄筋コンクリート造りに比較して、工期が短いとされている）。この節減額は、施設や事業形態によって大きく変わるので、参考程度のものであるが、かなりの人件費節減ができることは確かである。

### (3) リース方式による合理的な公共施設機能の実現

公共施設整備におけるリース方式採用の利点について、愛知県高浜市における庁舎整備の事例を検証すると、その主な点は、以下の通りとなる。

・庁舎整備における20年間の負担額の上限を約33億円と定めたことである。これは、旧本庁舎が築後35年経過し、耐震補強をしても耐用年数は20年と想定され、大規模改修とその後の維持管理費、解体撤去費の合計が約33億円なので、それを下回る総額という枠を設定したのである。つまり、20年間に毎年約１億７千万円という金額で支払額を平準化させることになり、財政計画上の固定経費として確定させることができた。

・庁舎整備額の上限を決めたことにより、面積拡大に歯止めをかけた。多くの自治体では、庁舎の設計段階で、各部局、職員からスペース増の要求が出され、その積み上げ作業の中で、２、３割の面積増となる傾向にある。この傾向は、自分のスペースは十分に確保したい要求から、現状より削減するという発想にはならないという、人間心理の積み重ねに要因がある。したがって、整備費の上限を確定する根拠が十分でないと、歯止めをかけることは非常に難しい。

・リース契約によって、「終期」が設定されるので、その期間における時代の変化を反映させて、次のリース期間には庁舎の機能や設置形態の変化を反映させることができる。

### (4) 民間事業者の「資産膨張」には、SPC方式で対応

リース方式のメリットは、事業期間の短縮と担当職員人件費の節減、事業費の上限を設定することによる後年度負担の平準化、施設使用期間を設定することで時代の変化に対応できることに整理できる。しかし、リース物件を提供する民間事業者の貸借対照表における「オンバランス」が進行することが大きな問題点になる可能性がある。資産が膨張することで、企業のROA(総資本利益率)が低下し、エクイティによる直接的な資金調達にはマイナスに作用する可能性があるからだ。

したがって、リース関連企業は、数十億円規模の施設整備には、SPC(Special Purpose Company:特別目的会社)あるいは、SPV(Special Purpose Vehicle:特別目的事業体)を設立して、参加企業におけるオンバランス化を避ける手法を採ることが多い。このSPCまたはSPVは、特定の施設整備・維持管理事業を遂行することのみを目的に参加企業の出資によって設立され、金融機関等から資金調達をして、その事業のみに責任を持つことになる。参加企業は、出資金の範囲においてリスクを負うことになり、自社の貸借対照表のオンバランスとはならないメリットがある。当然のことながら、SPC、SPVの財務状況が悪化したり、最悪の場合は倒産などによる業務遂行が困難になるリスクもあるが、融資する金融機関の審査や代行企業を予定するなどのリスク回避の手法も開発されている。

一定のリスクを考慮することは、まさにプロジェクトファイナンスとしての事業経営の基本であり、安易に施設整備・運営を行うのではなく、施設整備事業における必要性と事業採算性(公共部門における「採算性」は、必ずしも「収益性」を意味することではなく、公共目的を明確にして、採算がとれない部分には税金を一定の範囲で投入することをあらかじめ決めることも含まれる)、成果指標の設定とモニタリングを明確にする必要があるのは言うまでもない。

これに対して、施設所有を前提とした事業形態では、事業に困難が生じた場合に、これまでは公共団体が組織として責任を果たすコーポレー

トファイナンスであったことを認識する必要がある。誰が事業責任を持つのか、という基本的な点を曖昧にしてきたのが、これまでの公共施設整備の流れであったために、今日「公共施設マネジメント」が求められているのである。当初から、施設整備において、プロジェクトファイナンスによるLCC（ライフサイクルコスト）を軸に事業検証を行っていれば、必要最小限の施設整備と維持修繕コストを実現し、誰もが予見できる施設の老朽化に対して、減価償却費の概念を適用して、公共施設の更新財源を積み立ててきたはずである。

成長型経済の下では、人口増加と住民の要望に応えるために、様々な政策分野ごとに必要な単機能の施設を整備することが自然の発想であり、特に、地方分権（主権）という概念が未成熟で、中央集権的な政策や補助システムのもとで縛られていたために、国（府省庁）の政策に沿った補助金を導入し、不足分は地方債発行として後年度の利用者にも負担してもらうというシステムができあがり、それに慣れすぎてきた流れがある。

しかし、現在は、大きな成長がない成熟化した社会となっており、単機能の施設ではあまりにも効率が悪いために、複合化多機能化を進める必要が認識されてきたといえる。そのためには、従来型の「部局ごとの施設保有」を見直し、所有はSPC（特別目的会社）として、自治体は、その施設の利用者として、様々な行政サービスの展開に「頭」を使うということが、本来の「全体の奉仕者」としての公務員の役割になると考えることができる。リース方式の導入を検討することは、従来型の公共施設整備のあり方を再検討する１つの契機になると考えている。

緊張感を持ったプロジェクトファイナンスの発想を持てば、リース方式以外でも様々な手法を適用する可能性が広がるであろう。

# 第4章

# 縦割りを越える「プロジェクト」手法

# 1 積み上げ方式の限界

## (1)「総合管理計画」策定後でも総面積の圧縮は進んでいない

第２章で小学校の地域開放を検討、検証してきたが、その目的は、「個別施設計画」によって、単純に学校施設を学校施設として長寿命化改修、更新することは財源的に見ても確実に実現する見込みが少ないことと、市町村にとって必須の学校施設における長寿命化計画をそのまま進めるとほかの施設の改修、更新財源を「食ってしまう」ことになる可能性が高いことを指摘するためである。

また、小学校施設に地域住民の利用できる機能を組み込むことで、結果的に、学校周辺の地域施設を大幅に削減できる可能性があることを示すためでもあった。

ここで、もう一度「公共施設等総合管理計画」と「個別施設計画」の課題について、検討してみよう。目標とした総面積の圧縮はほとんど進まずに、むしろ総面積が増えている自治体が少なくない実態がある。実は、これらの要因の根底にあるのは、施設分野ごとに積み上げ方式で施設削減計画を策定した（あるいはしようとした）ことにある。

## (2)「個別施設計画」の限界

総務省は、「公共施設等総合管理計画の更なる推進に向けて」（総務省自治財政局財務調査課、2018年４月23日）という資料の中で、「総合管理計画策定指針の改訂」として、計画の様式記入に際して、「総合管理計画の初年度を起点とした30年以上の期間について、次の表（図表４－１）の区分により、長寿命化対策等の効果を反映した当該期間において必要となる経費について、普通会計と公営事業会計に区分した上で、それぞれを建築物とインフラ施設に区分して記載すること」と指示し、建築物とインフラ施設の例示として、「建築物：学校教育施設、文化施

図表４－１　インフラ長寿命化計画の体系

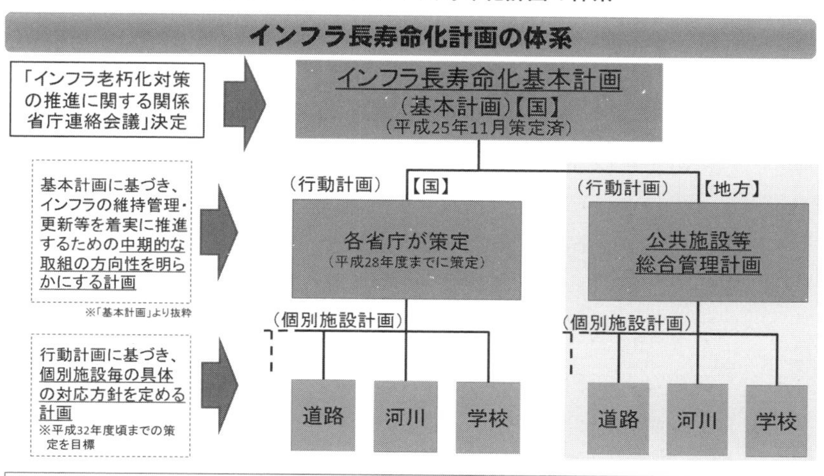


出所：総務省「公共施設等総合管理計画の更なる推進に向けて」（総務省自治財政局財務調査課、2018年４月23日、８頁）

設、庁舎、病院等の建築物のうち、インフラ施設を除いたもの」、「インフラ施設：道路、橋りょう、農道、林道、河川、港湾、漁港、公園、護岸、治山、上水道、下水道等及びそれらと一体となった建築物」と定義をし、個別施設計画の分類を示している。

この分類には、中央政府（府省庁）の縦割り構造が反映されていると考えられる。自治体に対して、総務省が「総合管理計画」策定を要請したときの説明図（図表４－１）を参照していただきたい。

この図における「インフラ長寿命化基本計画」は、国土交通省のウェブサイトでは、「老朽化対策に関する政府全体の取組として、平成25年６月に閣議決定した『日本再興戦略』に基づき、インフラ老朽化対策の推進に関する関係省庁連絡会議において、同年11月に『インフラ長寿命化基本計画』がとりまとめられました」とし、「今後、基本計画に基づき、国、自治体レベルで行動計画の策定を進めることで、全国のあらゆるインフラの安全性の向上と効率的な維持管理を実現することとされています」と説明されている。

そして、国と地方のそれぞれの「行動計画」が作成されるように役割分担がなされ、国は、各省庁が2016（平成28）年度までに策定することとした。地方に対しては、「公共施設等総合管理計画」の策定が明示されている。総務省は、この総合管理計画は、国と歩調を合わせるため、2014（平成26）年度から2016（平成28）年度までの３年間のうちに作成するように、自治体に要請を行った経緯がある。

問題は、その下に位置づけられている「個別施設計画」である。国の場合は、省庁が縦割り構造のもとで、図表４－１にあるように、「学校、河川、道路」などの個別施設ごとの具体的な対応方針を定める「個別施設計画」が位置づけられている。同じように、地方も「学校、河川、道路」などの「個別施設計画」の策定を、それぞれ「平成32年度（令和２年度）頃までの策定を目標」と図の中で説明されている。さらに、「各府省庁は、地方公共団体等に対し、行動計画及びこれに基づく個別施設計画の速やかな策定及び公表並びにこれらの計画に基づく取組の推進を要請する。その際、行動計画や個別施設計画の策定・推進上の留意点、活用可能な支援策等についても通知し、地方公共団体等への支援に努める」と明記されている。

国の府省庁は、各府省庁が個別法によって設置された組織であり、国家公務員もいわゆる「国家」ではなく各府省庁で採用され、一部の交流人事はあるものの、基本的には採用された省庁の幹部職員として仕事を終えることが一般的である。このような縦割り構造であっても、国全体の政策展開には、専門分化による一定の効果があると考えられるが、自治体の場合は、地域住民の生活を基礎とした「総合行政」であるので、しばしば、省庁の縦割り行政（法規制や補助制度など）が弊害となる事例が指摘されてきた。

府省庁ごとでは、それほど大きな縦割りの弊害は、現時点では見られないが、自治体に要請される「個別施設計画」は問題が大きい。

### (3) 部局割当方式では、総面積縮減は実現しない

なぜ、「個別施設計画」の問題が大きいのか。インフラと定義されている「道路、橋りょう、農道、林道、河川、港湾、漁港、公園、護岸、治山、上水道、下水道等及びそれらと一体となった建築物」に関しては、用途が限定的であるので、管理運営や長寿命化、更新は、まさに「個別施設計画」に沿って実施されることが想定できる。

しかし、建築物とされている「学校教育施設、文化施設、庁舎、病院等」にあっては、これまで検討してきたように、想定される用途以外に、地域住民の生活に沿った様々な「目的外」の利用、ことによれば、目的外とされる利用が「主たる利用形態」となっている実態がある。さらに、これらの個別施設は、どの施設も利用者は限定的で（利用実績は、延べ人数で表現されるが、いわゆる「常連」の利用者が多く、地域住民全体の１、２割の利用にとどまることが多い）、稼働率も２、３割であることが多く（稼働率は６、７割として説明されることが多いが、午前、午後、夜間というような「枠」での稼働であり、「利用実時間」でみれば、２、３割にとどまることが多い）、面積的にも時間的にもさらなる利活用の余地が非常に大きいことは、これまでに様々な機会を通じて指摘してきたことである。このような「建築物」の利用・稼働実態に対して、近年はリアルな市民利用をしっかりと予備調査によって想定し、複合的に整備される事例も多くなっている。

このように、自治体における個別の施設に関して、無理矢理に「個別施設計画」で、縮減目標を管理しようとすると、施設分野ごとに、それを所管している「課」に削減目標が割り振られることになる。しかし、どの「課」（部局）も、それぞれの施設の利用者を想定すると、統廃合の具体的な計画は、反対する利用者の姿やそれを「支援」する議員の姿も「ちらつく」こととなり、積極的に所管施設群の統廃合に取り組むことには戸惑いと抵抗が生じる。したがって、ほかの分野の施設に統廃合を期待することも含め、自発的に削減目標に取り組むことを避ける傾向になり、自治体全体の消極性を生み出してしまうのである。

結果的に、「総合管理計画」を担当する公共施設マネジメント部局は、予算削減や行政改革（人員削減が主）と同様に、一律に削減目標を「押しつける」ことになる。しかし、予算や人員は、５％、10％といった一律削減を強行することができるが、施設は、５％、10％などの一定面積を数年で削減することは、ほとんど不可能である。結果として、全体の削減目標は、「個別施設計画」のもとでは達成できない可能性が大きくなり、実態として、この数年間にほとんどの自治体で、面積削減が進んでいないという結果になっている。

このように、公共施設マネジメントの進展実態をみれば、「施設総面積縮減目標設定はミスリードだった」ともいえる。総合管理計画の目的は、適正な管理であって、必ずしも面積縮減ではなかったが、多くの自治体では、面積縮減を進めないと将来の財政破綻につながるとして、面積縮減を「数値目標」として、各部局に示してしまった流れがある。現時点での実態をみれば、総面積の縮減は必須の課題であるが、施設の複合化・多機能化を進めることを第一とし、その結果として面積縮減が進むという考え方が必要だったと結論できるだろう。

### (4)「縮充」の時代の削減は、複合化・多機能化しかない

図表４-２は、拡充の時代と「縮充」（規模は小さくなっても機能は充実するという意味の造語）の時代との違いを図示したものである。

図の左側、拡充（つまり、成長）の時代にあっては、人口増、経済成長によって、市民の求める行政サービスは拡大していくが、そのサービスの展開にあたっては、縦割りのそれぞれの部局が、市民の要望を受け入れながら、将来財源の増加を前提にサービス（施設を含む）の種類、規模、機能を拡充するプランを積極的に立案し、予算要求をして、実現するということが可能である。

しかし、図の右側、「縮充」の時代にあっては、全体の人口も財源も減少していくので、これまで、機能を果たしてきたサービス（施設）も、全体として縮小していくが、市民の要望は多様化、分散化していくので、縦割りの部局ごとのサービス（施設）が、相互に重なり、複合・多機能

**図表4－2　拡充の時代と縮充の時代における施設整備形態の比較**

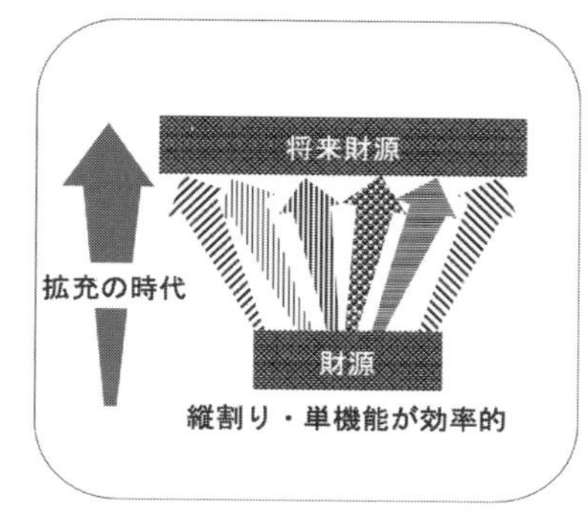


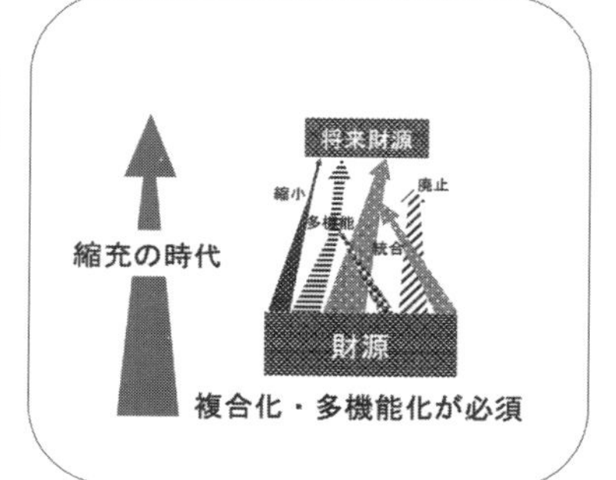


出所：筆者作成

化し、規模縮小、統廃合を余儀なくされる方向となる。この傾向のもとでは、様々なサービスを融合させ、施設を複合化・多機能化（縮充）していくには、数多い機能の組み合わせがあるので、実態の分析、複合形態、コスト、財源などの検討・検証が求められる。しかし、このような経験は、戦後70年以上を経た自治体行財政運営（経営）としては、初めてのことなので、思考方法の転換も含め、計画の立案、合意形成には時間がかかることになる。

拡充から縮充への時代の変化を考えれば、公共施設の総面積を縮減しつつ、市民サービスを後退させずに、限られた財源を有効に使うためには、施設の複合化・多機能化を進めなければならないし、その戦略は、学校施設（市町村にとって必須の施設）、公営住宅（生活の場）、そして比較的大型の施設（運営、維持管理費が大きい）を軸に進めることが重要である。特に、小学校の地域開放が機能充実と面積縮減（縮充）にとって、最も効果的になる可能性が高い。

最近、目立っているのは、総務省から道府県の担当部局を通じて、「個別施設計画」の策定を急がされている自治体の担当者の困惑である。総務省は、前述の「公共施設等総合管理計画の更なる推進に向けて 」において、自治体に2020（令和２）年度中の「個別施設計画」を求めている。そのため、総務省は全自治体に状況調査を行っているが、提出する調査「様式」では、「長寿命化対策の効果額」や「個別施設計画の内容を反映した総合管理計画の改訂時期」を記載していない場合は、策定予定年度をプルダウンメニューから選択することになっている。「令和３年度」までしか選択できないようになっていて、令和３年以後はメニューにないということも自治体担当者に対する「圧力」となっているようである。

これには、国の「インフラ長寿命化基本計画」における府省庁の「個別施設計画」策定目標と同時に自治体の「個別施設計画」の策定を進めることで、計画の整合性と「順調な」計画の進捗を実現するねらいと、自治体にとっては、「個別施設計画」策定を条件として、2017（平成29）年度に創設した「公共施設等適正管理推進事業債」の適用を促すという目的があると考えられる。

しかし、これまで検証したように、自治体は国の府省庁のような強固な縦割りの計画では、十分な住民サービスを展開できるような公共施設再編成が実現しない可能性が高いのである。このように、計画策定を「押しつける」と、十分な検討時間がないままに、いくつかの施設について、機能をそのままに、単純に組み合わせて複合（この場合は単なる「寄せ集め」）するだけで、機能面でも、財政面でも、住民の満足度でも十分な成果が期待できない可能性がある。総務省には、公共施設の利用実態、稼働実態を前提に、自治体の創意工夫を導くような課題提起をしていただきたいと考えている。

# 2 手法としてのプロジェクト方式

## (1) 公共施設マネジメントを進めるにはプロジェクト方式で

自治体で「プロジェクト」と聞くと、一般的な「事業」とは違って、何か特別な「目玉事業」が展開されるイメージがある。

いくつかの辞書をみると、プロジェクトは、計画、企画、事業と定義され、それぞれに「大規模な」という注釈がつくこともある。特段の定義付けをするまでもなく、片仮名のプロジェクトは日本語として定着していると言えるが、大中小の一般的な計画や事業というよりも、プロジェクトと表現するときは、従来の概念とは違って「特別な目的を持った、従来手法とは違った企画や事業」というイメージを受けるのではないか。

本項の見出しに「手法として」という表現を試みることにしたのは、公共施設マネジメントを実践することにおいて、通常の「計画、企画、事業」とは違った「手法」が必要だと考えたからである。これまでの数年間、筆者が強調してきたのは、公共施設マネジメントは、役所における縦割りの組織と予算による個々の事業とは違って、全庁的なプロジェクト方式として進める必要があるということであった。

1960年代から70年代の経済成長期で、人口が急増している時代に整備された公共施設が老朽化したにもかかわらず、大規模修繕や更新をする財源が不足し、安全確保と機能維持すらも難しくなっている事態が、公共施設マネジメントの原点である。この課題には、個々の施設の管理運営をしている縦割りの個別部局では対応できないことが明確になり、全庁的なプロジェクト方式として進める必要性が認識されてきたのである。

公共施設は、それぞれが、行政目的に沿って整備されたものである。しかし、特定目的を持った専用施設（例えば、庁舎や学校、保育所など）であっても、一定の条件のもと、「公の施設」として幅広い市民が利用できる汎用施設となることもある。そして、大部分の公共施設において、実際の使われ方を観察、分析すれば、稼働時間は少なく、利用者も限定され、維持管理に膨大な税金が投入されているという実態がわかる。

成熟化、人口減少の時代において、公共施設の空いている空間や時間を効果的に使えば、総面積の圧縮をしても、市民生活に必要な機能は十分に維持することができ、むしろ、利便性や魅力を高めることもできる。そのためには、行政組織の縦割り構造を越えた施設概念を構築しなければならないし、それを実現する財源も、税金だけではなく民間の資金を充てることも視野に入れながら検討する必要がある。

公民連携の手法を活用して、様々な財源や事業手法を導入することで、公共施設の「縮充」を実現する事業を、「プロジェクト方式」と表現することを試みるのがここでの目的である。

## (2) 横浜市の「六大事業」というプロジェクト方式

公共施設マネジメントを進めるには、プロジェクト方式という手法が必要だと認識するようになった背景は、『公共施設マネジメント白書』が作成され、公共施設の老朽化が自治体において、最も重要な課題の1つであることが明確になったにもかかわらず、公共施設の「縮充」がほとんど進まない現状を考えたときに、その主因が縦割りの組織と予算という自治体の基本的構造にあることが明確になったからである。そして、この「縦割り構造」を突破して、公共施設マネジメントを進めるには、プロジェクト方式を活用することが効果的であると認識するようになったのである。

このように判断することになったのは、かつて筆者が勤務していた横浜市役所において、半世紀前に、今の都市「ヨコハマ」の骨格を造る「六大事業」を企画・実行（現在も続いているのだが）・プロデュースした人物から直接に話を聞く機会を持ったという経験があったためである。

このプロジェクト方式がなければ、都市ヨコハマは、無計画な開発と交通網の不足によって、特徴もなく衰退に向かう東京のベッドタウンの

1つとして、人口ばかりが増えて魅力のない街になっていたことは確実である。では、衰退するベッドタウンの流れを押しとどめた「六大事業」とはどのようなプロジェクトであったのかを紹介したい。

ここで、横浜市役所と都市「ヨコハマ」を区別するのは、「六大事業」全体を企画、プロデュースしたのは、横浜市役所であるが、それぞれの事業は、埋め立て会計（特別会計）と交通局（地方公営企業）のほか、公団や民間デベロッパー等が事業主体となっており、基本的に一般会計（税金）からの事業費の直接支出は極力避けるプロジェクト方式であったからだ。都市としての「ヨコハマ」は、法令によってその市域が決められているが、市民、企業、団体などの様々な主体による営みが日々行われている「場」であり、横浜市役所は、市民や法人から、共通経費としての税金を徴収し、生活上の基盤を提供し、プロデュースしている、という考え方による。

プロジェクト方式という手法が、どのように公共施設マネジメントの前進に役立つのかを、「六大事業」の展開を振り返りながら検証したい。

### (3) プロジェクト方式には戦略性と具体性が必要

まず、「六大事業」の背景・内容とその展開について紹介しよう。

時代背景として、1960年代前半の横浜では、高度経済成長の始まりで全国的な工業化・都市化が進む中で、東京に溢れた人口を吸収する住宅によって郊外地域の乱開発が進められた一方、海岸が次々と埋め立てられて臨海工業化が進展し、当時問題になりつつあった公害の発生が心配されはじめていた。住宅化が進むことで、昼夜間人口比は90％前後であり、ベッドタウンとしての横浜経済は東京の支店化どころか「出張所化」が進む一方であった。宅地・住宅の乱開発によって、年間10万の人口増加に見舞われるなど、市役所は学校や道路、消防などの基礎的都市施設整備の対応に追われ、財政的にも非常に厳しい状況にあった。一方で、市政は港湾、開発、建設など古い昔の役所体質のままであった。当時は、横浜の中心部には米軍（「進駐軍」と言われていた）のかまぼこ兵舎や空き地が残っていて、「関内牧場」といわれるように、自立した都市機能とは無縁の状態であり、かなりの危機的状況にあった。

当時の横浜を身体に例えれば、骨格も内臓も弱り、心臓（中枢機能）は特に衰弱しており、緊急の外科手術が必要な状態だったのである。しかも、財政状況は逼迫していた。

この窮状に対して、横浜市は、シンクタンクである「環境開発センター（代表：浅田孝氏）」に、横浜市の外科手術のための計画策定を委託したのであった。

環境開発センターの浅田孝氏は、当時の都市開発分野における第一人者であり、そのもとで計画部長として計画策定に従事し、後に横浜市役所職員（企画調整局長）として「六大事業」をプロデュースしたのが故・田村明氏であった。

浅田氏と田村氏の発想は、瀕死の重傷患者である横浜では、「総花的」で縦割りをホチキスで閉じたような総合計画（マスタープラン）は役に立たないので、戦略的なプロジェクトを立てて、それを中心に他分野に効果を波及させる、つまり、特殊解を解くことによって一般解を求める、というものであった。

ほとんどの自治体は、長期「総合計画」を作成して、最上位の計画として位置づけている。しかし、この総合計画は、自治体としての政策課題を網羅して、「あるべき」姿を描くことを目的としているものの、事業規模、事業年度、担当部局がそれぞれに決められていて、将来的な理念と個別事業は描かれるが、総体として街がどのように変わるのかという具体的なイメージを持ちにくい。これに対して、プロジェクト方式は、全ての分野における計画（事業）ではなく、街づくりの戦略を明確にして、いくつかの具体的なプロジェクトが相互に結びつき、「街が変わる」というイメージをわかり易く示すことを目的としている。

このような経過の中で、中心プロジェクトとして以下の６つの事業が選ばれ、「六大事業」と呼ばれた。これらのプロジェクトは、図表４－３のように、相互に結びついて、都市「ヨコハマ」の骨格を形成するようにデザインされた。

①**「都心部強化」**（埋め立て事業と区画整理事業とを組み合わせた、民間主導の開発）

業務機能が集積している関内地区と、商業機能が集積している横浜駅地区の間にある造船所を移転させて、一体的な都心部強化を図る。現在は、「みなとみらい地区」として業務、国際コンベンション、観光、住宅という複合的機能を持った開発が進んでいる。

②**「金沢地先埋立事業」**（ドイツの「マルク債」による資金調達をした埋立会計での事業）

南部方面の金沢地先に外債を導入して、都心部に散在する中小工場の移転（住工混在の解消）および住宅地の整備を図り、工場と住宅の緩衝機能をもたせる湾岸道路（高速道路）を中間に通す。

③**「港北ニュータウン建設事業」**（「住宅公団」（当時）による区画整理事業）

計画的な開発により乱開発を防止し良好な市街地の形成を進めるとともに、周辺部には「都市農業」用地を配置する。

④**「高速鉄道建設事業」**（横浜市「交通局」の公営企業としての事業）

郊外区の人口急増地域と横浜市の都心部とのアクセスを強化し市民生活の利便性を図るために、交通局事業として地下鉄で市内を南北につなぐ（ほとんどの鉄道、道路が東京都心を中心に、横浜市内を放射状（東西）に流れて分断している状態に対し、南北につなぐ地下鉄を通す）。

⑤**「高速道路網建設事業」**（「首都高速道路公団」（当時）の事業）

④とともに都市の骨格を形成し、業務交通や通過交通を分離し都市内の交通を円滑化するとともに、横浜中心部を環状につなぐ。

⑥**「横浜港ベイブリッジ建設事業」**（「日本道路公団」（当時）の事業）

湾岸道路の一部として、コンテナ埠頭間を移動するために、横浜都心部における通過交通を処理することにより交通混雑の緩和をはかり、また、新しい横浜のシンボルを形成する。

これらのプロジェクトの１つひとつは、事業費でいえば数百億円から数千億円、都心部強化事業（みなとみらい地区開発）にいたっては、民間投資を含めれば数兆円規模、数十年の期間にわたる事業である。六大

図表４－３　六大事業が相互に関連していることを表現

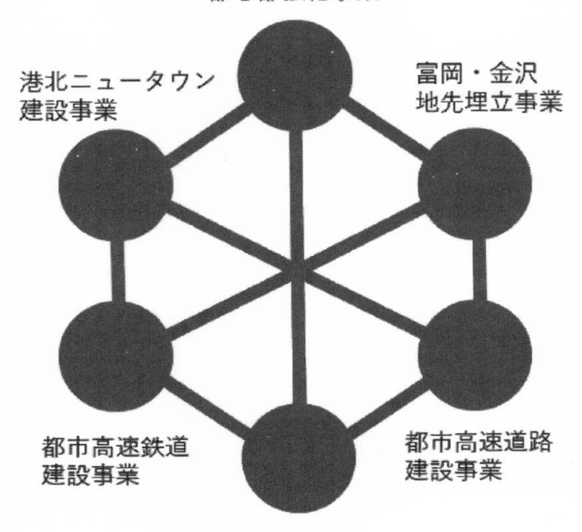


出所：各種事業紹介資料から作成

事業を発表した1965年当時の横浜市の人口は170万程度（現在は約370万）であり、当然のことながら、このような大規模事業を単独の自治体の力で展開することは全く不可能なことである。したがって、全ての事業は、国（公団）のインフラ事業、公営企業や特別会計の事業、公民連携の事業として企画され、市役所はプロデュース機能を持つという事業手法によって進められた。

したがって、発表された当初は「夢はあるが、できるわけはないだろう」という受け取りが大部分であったという。しかし、１つひとつのプロジェクトは明確なコンセプトとイメージを持ち（いわゆる「絵になる」計画）、その波及効果も相互に発揮して、都市「ヨコハマ」を魅力ある都市に変貌させるというメッセージを内包させていた。そのため、次第に、市役所内部、議会、市民に浸透して期待に変わることとなった（結果として50年を経た現在は、６つのプロジェクトは時代の変化による変更はありつつも、全て実現して、年間数千万人の観光客を集め、「住みたい街」としても上位にランクインするような街づくりに結びついた)。

## (4) 明確だった六大事業のねらい(戦略)

六大事業を計画し、その実行を横浜市役所職員(企画調整局長)としてプロデュースした田村氏は、このプロジェクトのねらいを著書『都市ヨコハマをつくる―実践的まちづくり手法』(中央公論新社、1983)で次のようにまとめている。

1 資金的には税金等の一般財源はほとんど用いず、他の資金を利用し、市の財政に大きな負担をかけずに行われること。
2 市内で行われている大きな事業について、事業主体は異なっても市が総合的な見地から計画をたて、これを遂行し、市の計画主体性の確立を計ったこと。
3 この事業を遂行するために、自治体行政のセクト主義の枠を破り、他の部局との協調を行い、総合性を求めるような仕組みに改革していったこと。
4 新しい創造性を喚起し、行政執行の方法を変えさせること。
5 マンネリ化していた職員の体質を変え、やる気のある人びとを発見し、育て、積極的な問題への取り組みを求める人びとを集めること。
6 背水の陣をしくことによって、前向きのエネルギーを生み出すこと。
(65~71頁より抜粋)

この「ねらい」をみると、従来の自治体における「事業」とは内容も手法も全く性格が異なったものであることがわかる。田村氏は、同書で総合計画方式との違いを次のように述べている。

「総合計画手法の欠陥や限界も見えていた。第一に、世の中の変動があまりに激しいために、すぐ実情に合わなくなってしまう。横浜のような都市では、とくにひどかった。第二には、結局、各部局からだされた事業計画を羅列する、いわば各局の計画をホッチキスで閉じ込んだ計画であって、あいかわらずのタテ割をそのままにして、形式的に寄せ集めたのにすぎない。全体を通した総合性に欠けている。第三には、都市を動かしてゆく実効的なエネルギーをもたず、現実を変えてゆけるパワーに欠けている。第四には、未来を現状の延長としてみており、新しい目的や価値を織りこんでいない。第五には、逆に、将来のビジョンをもちこんだものは、ビジョンだけにとどまって、そこへ到達する方法が示されていない。また、第六には、自治体の予算を用いて行う事務事業に限定され、地域経営主体として、地域内で行われる、他の主体との関連が示されていない。このほかにも、建設計画に偏重しているとか、財政的裏付けがないとか、進行管理が行われていないとか、様々な欠点が指摘されている」(57、58頁)

ここまで、引用が多かったが、あえて50年前に企画立案された、横浜市における個別事例である六大事業というプロジェクト方式を紹介してきたのは、現在の公共施設マネジメントの課題を念頭において読んでいただければ、このプロジェクト方式の概念と、従来型の計画をベースにしている「公共施設等総合管理計画」や「個別施設計画」との違いが明確になると考えたからである。つまり、公共施設マネジメントを前進させるためには、個別部局ごとの施設面積削減を進めるのではなく、複合化・多機能化を進めるプロジェクト方式によって推進する必要があるということである。

六大事業というプロジェクト方式は成功し、期待以上の効果を実現したが、横浜市役所において、全ての仕事がプロジェクト方式で行われているわけではなく、ほとんどの事業は従来型の縦割り組織と予算をベースに行われているし、それが間違っているわけではない。プロジェクト方式が有効なのは、個別事業では決して解決できない課題に対して、自治体が主体性と総合性を発揮して、役所以外の資金、事業主体、ノウハウを総動員して解決への道筋をつけなければならない場合である。まさに、公共施設マネジメントの推進を図る場合に有効である。横浜市の六大事業は、数百億、数千億円規模の巨大事業の戦略的組み合わせであるが、ここで強調したいのは、事業規模ではなく、戦略性とプロデュースの価値である。事業費は数百万円でも構わない。

そして、プロジェクト方式による課題解決策を立案することも重要であるが、それを実現するプロセスにこそ価値があることは、なかなか理解しにくいことでもある。次項では、再び横浜市の六大事業の推進において、どのような組織、機能、手法を駆使したのかについて紹介しながら、公共施設マネジメントをプロジェクト方式で推進する手法を検討しようと思う。

# 3 縦割りを越えるプロジェクトの推進手法

## (1)「戦略計画」としてのプロジェクト

ここまでプロジェクト方式の事例として、横浜市の「六大事業」を紹介した。その特徴は、このプロジェクトは、横浜市が立案して総事業費が数兆円に及ぶものであるが、横浜市役所が予算計上をして実施する「事業」は極めて一部であり、大半は公団等の国の特殊法人の事業であり、また、埋立会計や交通会計という横浜市の特別会計あるいは、公営企業会計として、一般財源としての税金をできるだけ使わない事業である点だ。そして、横浜市役所が都市ヨコハマの骨格を形成する戦略計画のもとに、「カネは出さずとも口を出す」というプロデューサーとしての役割を果たして実現したプロジェクトである。重要なのは、事業規模ではなく、この手法を応用すれば、たとえ数百万円の事業であっても戦略的な視点による「都市の主体性」を発揮できる可能性がある点である。

もちろん、プロジェクト方式という手法が、横浜市の「六大事業」のように、「一般財源（市民の税金）を極力使わない方式である」と定義しているわけではない。余裕資金があれば、税金（一般財源）を投入するプロジェクトを実施することは可能であるので、それがプロジェクト方式かどうかの要件ではない。ここで議論するプロジェクト方式の基本定義は、「行政機関の組織と予算の縦割り構造を越えて、戦略性を持つ事業」だということを強調したい。

横浜市におけるプロジェクト方式による「六大事業」は、ほとんどの自治体で作成されている「総合計画」とは違って、数十年間のまちづくりの方向に対する戦略目標のもとに、様々な施策・事業に対して大きなインパクトを与える事業（プロジェクト）を企画・設営し、自治体以外の様々な事業主体に対して、事業推進上の必要性や留意点を「市民的利益」の観点から説得し、納得を得て、進捗管理をしたことに大きな特徴があった。

公共施設マネジメントの観点からみれば、全体像を把握するための「白書」と財政的観点からの公共施設の総量圧縮の必要性を計画的に示した「総合管理計画」をベースに、施設統廃合を合理的に進める戦略的なプロジェクトのコーディネートを行う、というように表現することができるのではないかと考える。

## (2) 総合計画は網羅的な事業一覧となっている

ここで、総合計画とプロジェクト方式による戦略計画との基本的な違いについて、説明したいと思う。

「六大事業」が進展している間に、横浜市役所内で、新しい総合計画の策定を行うことになったことがある。このときに、幹部職員の間で、「新しい総合計画の目玉として、六大事業に代わるようなものがないだろうか」という議論がされていたことがある。六大事業は、都市の骨格を形成する大きなプロジェクトであり、高速道路や地下鉄、大規模埋立事業やニュータウンづくりなど、誰もがプロジェクトとしてイメージがしやすく、現実に建設が進んでいる状況だったために、総合計画の主要なメニューを考えなければならないと考える幹部職員にとっても、市民にアピールできる1つのモデルとして映ったのであろう。

しかし、六大事業は、総合計画とは違う「戦略計画」である。横浜市の幹部職員であっても、一部には、市役所が必ずしも事業主体にはならないという基本的な性格が十分に理解されていなかった実態がある。このように「戦略計画」は理解が難しいのかもしれない。

総合計画と戦略計画の違いはどこにあるのか。それは、総合計画の性格とその策定の過程をみるとわかりやすい。

ほとんどの市町村では、総合計画を策定しているが、法律上には「総合計画」という定義はない。総合計画は、1969年に地方自治法において基本構想策定義務付けの規定が設けられた際、当時の旧自治省が、「基本構想を頂点とする総合計画」の標準的な構成・内容として、基本構想、基本計画、実施計画の3層の計画で構成することを示したために、多くの地方自治体がこの３層構造による総合計画を策定した経緯がある。

2011年の地方自治法の改正により、基本構想策定の義務づけ規定は廃止された（廃止された理由は、地方分権改革の取組みの中で、国から地方への「義務付け・枠付けの見直し」の一環とされたためである）が、現在においても、ほとんどの市町村がまちづくりの基本的な理念や目標、方針などを定める「総合計画」を策定し、これに基づいて行政運営を行っているのが現状である。これには、市民の税金で運営する自治体の取組みを、「網羅的に」説明する必要があることと、市町村長は、選挙によって選出されるために、その政策の内容を選出された後、あるいは、次の選挙に臨む際に示すという政治的な理由によっても策定されている実態がある。

この「総合計画」の策定過程にあたっては、まず、企画担当部署が、社会経済情勢の分析から、当該自治体の区域における土地利用の基本的方向を検討し、人口の推計を軸に、策定の基本方針を提示し、各部局に対して、その基本方針に沿った分野別政策の方向と具体化する事業の計画立案を要請することになる。

各部局は、基本方針に沿って、道路や上下水道、学校や医療福祉施設の配置、交通計画などのインフラ整備や、市民の活動やコミュニティのあり方などを、10年から20年後の姿を想定し、具体的な事業を計画する。立案する事業計画には、当然のことながら事業に要する財源（一般財源、補助金、地方債など）を明示し、財政担当部局は、企画担当部局とともに、事業内容と財源をチェックすることになる。

このような計画策定作業は、全部局に関わる作業なので、時代の変化に対応した自治体の全事業の見直しとなり、議会や市民からは、計画立案作業に際して、様々な要望が寄せられることになる。このような作業は、限られた資源（特に財源）を前提に、部局内はもちろん、企画・財政担当部局との議論（査定）を通じて、総合的かつ合理的な事業計画になると考えられる。しかし、現場を持った各部局の情報と企画・財政部局における全体的な情報との整合性を実現するのは至難の業であり、企画・財政部局も、全部局からの事業計画に対応するには、部局別担当者が個別部局ごとにヒアリングを行い、査定を行うことになるので、部局の縦割り構造が、企画・財政部局にも反映されてしまうことになる。結果的には、通常業務を続けながらの計画策定作業となるので、時間的な制約もあり、各部局の縦割り構造のままに、それぞれの事業計画をホッチキスで綴じ込むような総花的な全体計画になってしまう確率が高い。ここには、市政全体を考慮した戦略性や、国や民間の事業を取り込むような事業形態を構想し、検討する余裕はないのが通例である。これまで実施してきた事業の流れの延長で、個別事業を企画することが無難で確実という認識もあるだろう。

もちろん、総合性が形式的なものでも無駄な作業になるということではない。長期間の社会の変化を想定した中で、市民や企業・団体の生活や活動を反映した各部局ごとの将来像に基づく、具体的な事業を示すことは、公金（税金）の配分を説明するために必要なことである。つまり、「総合計画」の限界は、抽象的な将来ビジョンを示すことはできても、そのビジョンの総合的で具体的な全体像をイメージすることが難しいことにある。

## (3) 縦割り計画を越えるための戦略計画

これに対して、「戦略計画」は、行政組織の縦割りを越えて、１つ、あるいは複数のプロジェクトのコンセプトとイメージを明確にし、実現に向けての最適な事業主体の選定と組み合せ、期限と財源を具体的に示すものである。したがって、自治体内部の全部局が関与する計画ではなく、企画担当部局が総合的な見地から計画（プロジェクト）を主導することになる。プロジェクトを実現することで、どのような効果をもたらすのかを明確に提示して、前例や慣例にとらわれない手法で「変わるという雰囲気」を醸成するように、事業主体を動かすことになる。

ここで、「事業主体を動かす」というのは、企画担当は事業主体にはならないということである。企画担当が事業主体となってしまうと、事業実施の手続きや予算執行などの具体的な「作業」に追われて、１つの事業担当部局の枠の中に収まってしまい、戦略的な効果が薄くなってしまうからである。従来の縦割り構造を打破するプロジェクトであるから、前例や慣例を超えるために、事業執行においては、毎日のように大中小の壁に突き当たり、その壁の突破のために相当のエネルギーを割くことになり、結果的に従来の枠に収まる方向での妥協を強いられる可能性が高い。

企画担当が事業主体ではなく、主導するということは、事業主体がぶつかる様々な壁を突破するための支援（調整）を積極的に行うということなのである。この点については、横浜市の六大事業を推進するために設置された「企画調整局」の役割を紹介することで説明したい。

## (4) 戦略計画を推進した「企画調整」機能

横浜市の「六大事業」をプロデュースしたのは、企画調整局という部局であった。自治体によって名称は様々だが、多くの自治体に企画担当部局が設置されている。しかし、六大事業を手がけていた横浜市の企画調整局は、企画局でもなく、政策局でもなく、企画調整局であった。「企画調整局」であったという意味は、「調整」機能にある。この調整機能は、自治体の現場の経験がないと、なかなか理解するのが難しい。

行政機関（府省庁、都道府県、市町村）の具体的な仕事には「事業」という用語が使われることが多い。かつて、「行政評価」の必要性に関心が寄せられた時期があった。その名残として、多くの自治体には、「事務事業評価（書）」が存在し、主として行政改革担当部局が所管し、毎年の各部局（課）の事業について、その目的や根拠、予算や決算、関わった人員、アウトプット（結果）やアウトカム（成果）指標などが記述されている。

このように、「事業」は行政機関にとっては、「課」という基礎的な組織単位ごとに「自己完結」するので、縦割り構造の行為の基本となっている。したがって、このような縦割りの組織、予算、事業を超えるプロジェクトを企画し、実施するには強力なリーダーシップを発揮することがなければ実現は難しい。

例えば、佐賀県武雄市の図書館は、強力な市長のリーダーシップによって実現したプロジェクトである。人口５万の地方都市における既存の市立図書館を、東京にあるお洒落で集客性に優れた書店のような存在にしたいと考えた市長が、書店の代表に直談判をし、書店を指定管理者にすることで、図書館にスターバックスによるカフェ機能を導入し、内装も書店の負担（３億円ともいわれた）も合わせて大改修を行い、市内県内はもちろん、日本全国からの観光客や視察者の合計で、年間90万人もの来場者を集める施設に衣替えしたのである。この図書館の改修と指定管理者制度導入には賛否両論はあったが、結果として、人口５万の地方都市が全国から注目され、その集客力によって、寂れかけた温泉街が復活するなど、「まちづくり」としての効果をもたらした。

単なる既存の図書館のリニューアルという単独事業としてではなく、東京資本の書店誘致、指定管理者制度導入、カフェ機能の付加、民間投資による多額の内外装改修、全国へのPRなど、様々な事業を組み合わせたプロジェクトとして実施された。これは、小規模都市だったので、企画調整機能を市長とその周辺が果たし、大中小の事務事業は市役所内の担当が実施した事例といえる。

横浜市の六大事業では、どのような調整機能を果たしたのであろうか。

それぞれの事業内容は既に紹介したが、例えば、当時の住宅公団による港北ニュータウン建設プロジェクトでは、区画整理事業の手法なので、地権者と公団との調整、学校や道路、地下鉄、上下水道、清掃工場用地など、それぞれ教育委員会、道路局、環境事業局、下水道局、交通局、水道局などの関係部局の数多い事業と公団事業との調整、その中で、都市農業機能の確保、公園緑地の配置など、独自の新規計画実現も盛り込むなど、調整案件は膨大なものとなる。また、地下鉄を通し、駅も配置するので、六大事業のほかのプロジェクトともルートや実施時期などの調整が必要となる。

ニュータウン建設だけでも膨大な調整機能が必要であったが、６つの巨大プロジェクトが相互に連関して、都市の骨格を造るのであるから、中心となって企画し調整するには、強力なリーダーシップと担当者の目標・スケジュール管理能力に加えて、コミュニケーション能力も要求される。

この六大事業をプロデュースした田村明氏は、市長から、一定規模の戦略的土地利用や事業実施の承諾、将来的に大規模事業になる可能性のある調査事業の調整などの権限を付与され、その権限を戦略性に基づく総合調整機能として行使した。また、それぞれのプロジェクトを担当する係長クラスのスタッフには毎週の目標会議への出席を義務づけて、進捗状況を全員の前で報告させた。さらに、個別の議題に関しては、関係者を全て集めて議論する「大テーブル主義」をとった。このような若手職員への指導は、プロジェクトへの責任を自覚させるとともに、プレゼンテーションの機会を多く与え、コミュニケーション能力を強化する目的もあったという。かつて、このようなトレーニングを受けた職員によると、「目標会議では、厳しく進捗状況をチェックされるので、2週間は何とか答えることができるが、3週間目には、何らかの進展がないと答えることができないので、調整作業を進めざるを得なかった」と述べていたほどであった。

自らの事業であれば、予算執行と各種手続きを、その事業範囲において、年度内に完結させれば良いので、縦割り組織と予算の範囲の中ではとんど対応できる。しかし、事業主体が別に存在し、その主体の論理で動いていることに対して、市全体の観点からの意思を通すためには、様々な周辺情報を収集し、関係部署と協調して対応しなければならない。まさに、プロデューサーとしてのOJTとなったのである。

### (5) 戦略プロジェクトには2つの効果

戦略プロジェクトには2つのねらいがある。1つは、具体的なプロジェクト事業によって、その「姿」をわかりやすく提示して、それから先の波及効果までも展望することで、全体の事業推進への突破口となることである。もう1つは、そのプロジェクトを推進することで多くの事業の組み合わせを調整することによって、幅広い視点から全体を俯瞰し、必要な対応を柔軟に実施するという経験を担当者に積ませることで、プロデューサーとしての成長を促すことである。

実際に、横浜市においては、六大事業の展開で育った職員が、その後も様々なプロジェクトを手がけることになる。拙著『実践！ 公共施設マネジメント』（学陽書房、2019）の第12章で紹介した横浜スタジアムの事例（わずか２か月で、市民から20億円もの資本金を集め、株式会社での建設とその後の数十年の運営管理を税金の補填なしで実現した）は、六大事業での経験が大きな原動力となったほんの一例である。

公共施設マネジメントに関連した取組事例では、本書第３章で紹介した、数十の施設を束ねた「包括施設管理委託」がある。これは、各部局の施設ごとに個別契約で管理している保守点検管理委託業務を一括で総合ビルメンテナンス業者に委託し、専門的技術者による安全・維持管理を図る手法である。これが、プロジェクト方式と言えるのは、複数の部局で細分化された設備ごとの管理委託契約を一本化し、対象施設全体の状況把握を行うことで、限りある財源のもとで修繕・改築の優先順位決定（効率的資源配分）にも活用できるという「戦略性」を持っているからである。これを進めるには、従来の縦割り予算や事業執行をまとめる必要があり、担当者の熱意と首長の理解がなければ難しいのだが、実現した自治体では、次のステップとして、民間事業者からの提案制度などの公民連携事業にも発展している事例がある。

担当職員とその事業に関連した職員、首長の意識が変わることで、次々と縦割りを越えた発想での事業展開につながっているのである。

# 4 「政策」と「実践」の間には「死の谷」が

## (1)「コロナ禍」で露呈したマネジメントの課題

ここでは、「コロナ禍」による対策の課題のいくつかを取り上げながら、その課題がどのように公共施設マネジメントにも影響するのかを検討したい。表題にある「死の谷」という表現は、新型コロナウイルスが人間の死に結びつくという意味ではなく、「技術経営」という概念の中で、プロジェクト実現への「マネジメント」（定義は難しいが、とりあえず成果を上げるための経営や管理などの行為とする）が欠けると、せっかくの基礎・開発研究が製品化に至らずに無駄になるという意味で使われている概念である。つまり、政策実現へのマネジメントが十分でないと、事業投資の成果が上がらないで、投資資金や税金の無駄遣いになるという意味である（突破が難しく「死」に至る）。

新型コロナウイルス対策は、100年ほど前に、世界を襲ったスペイン風邪とも比較されるように、全世界的なパンデミックを引き起こし、経済社会そして、人命に未曾有の被害をもたらしている。もちろん、これは永遠に続くものではなく、治療薬とワクチンの開発によっていずれ終息するとされている。

このコロナ禍対策における大きな論点として、連日のようにマスコミやワイドショーで取り上げられたPCR検査と、仕事の激減に対する就業・生活補償（あるいは保障）を、政策展開（実践）の観点からマネジメントの課題として検証してみたい。

PCR検査については、感染実態を把握するためにも検査件数を増加させるための体制が国会でも追求されてきた。当初は、クラスターの発生を追っての「封じ込め」に注力し、また、医療機関への負担を緩和するために、検査件数が抑えられた状態にあった。これには批判があったものの、一定の成果を収めたと判断された。しかし、その後感染経路不明のケースが増え、医療機関の体制が一定程度整備されたことに伴って、感染実態の把握と感染者の早急な隔離のため検査件数を大幅に増やす方針に転換すべきときに、検査件数が欧米や中国、韓国などの海外事例に遠く及ばないことが指摘されてきた。この段階では、政策的な方針の明確化があるにもかかわらず、検査技術とそれを回転させるマネジメントの問題が浮上した。国会での議論やメディアでも何回も取り上げられながら、相当の時間を経て、体制が整備されつつあるのが現状である。

これについては、衛生研究所などの公的機関の検査能力には限界があるものの、大学病院や大規模病院、民間の検査機関などの検査機能を活用すれば、相当数の検査が可能であるのに、それが実現しないことは、政策というよりもマネジメントの課題ととらえることができる。検査結果の報告の一部が当初はファックスで行われていたという報道もあったが、誰もが効率的と考えることができる資源や機器があっても、従来の権限や慣行などに縛られて、改善（改革ではない）が図られない状態は、実行方針に間違いがなくとも、結果として効果が上がらない。

また、検査件数を多くして、感染者を発見しても、感染者全員を隔離・治療するために病院に入院させると、無症状、軽症患者でベッドが埋まり、重症者への対応が厳しくなることで、「医療崩壊」の危険性が生じることが課題となった。感染者でも無症状、軽症患者は、公的研修施設やホテルなどでの一時収容で対応すれば、病院の医療資源を重症者に集中することができ、重症者は病院で的確な治療を受けることができると指摘されたのである。しかし、この対応も体制整備に相当の時間がかかった。

検査体制にしても無症状者や軽症者の病院外での隔離にしても、対応策の不備と言うよりも、危機意識に裏付けされた、縦割り組織構造を越えて迅速な対応を実現するマネジメントが十分に機能しなかったという課題になる。ここには、「官」主導の意識が変わらずに、「民」の資源の有効活用が遅れたという指摘もあった。

コロナ禍対策の課題は、上述の医療面に加えて経済対策での対応にも大きな課題が露呈した。外出自粛や休校措置によって、飲食店や旅行業への打撃、幼児や児童の家庭で保育を余儀なくされるなど、仕事ができなくなり生活に困窮することへの対策として、１人当たり10万円の給付を行うことが政策として決定されたにもかかわらず、規模の大きな自治体では、２か月以上も給付業務が滞って、現金支給の効果が行き渡らないことが指摘された。

特に、マイナンバーカードを使ったオンライン申請が、実は全く手続きの自動化になっていなかった実態を政府（省庁）が検証せずに、対応策を考えていなかったという驚くべき実態も明らかになったのである。総務省か内閣府が、マイナンバーカードと住民基本台帳によるチェックを自動化する共通のソフト（システム）を自治体に配布していれば、現場の混乱も回避することができたであろう。さらに、仕事が減少した企業に対する持続化給付金の支給に関しても、数百億円もの事務委託経費が一般社団法人に委託され、その大半が大手広告代理店に再委託された実態と、巨額の事務委託をしても、支給が相当に遅れている実態にも批判が集中した。これも、巨額の事業費は補正予算で確保したものの、実際の支給業務のプロセスを検討することなく、従来型の申請、審査、給付という業務をその都度、新たにシステムを構築することを含めて委託するという、政策の実現に対するマネジメントへの意識の低さが露呈したといえる。同時に、既存の税務システムやデータなどとの連携活用をプラットフォームとして構築するという戦略の欠如も指摘された。GoToキャンペーンでは、さらに巨額の事務委託がなされたが、地域の実情をある程度把握している自治体の裁量に委ねる方が、より効果が上がっただろう。

### (2) 技術経営（MOT）における「死の谷」の存在

コロナ禍での課題を取り上げたのは、政策と実践との間には、マネジメントをどのようにコーディネートするかという課題があることを指摘するためである。

マネジメントの重要性を指摘する理論として、「技術経営」という研究分野があり、重要な論点の１つとして、「死の谷」の概念がある。これは、技術経営において成功を阻む障壁を表す言葉で、研究開発の成果が簡単には製品化に結び付かない状況を指す。研究成果が製品化されるまでには多額の資金が必要であり、新技術を開発してもスポンサーがつかず製品化・事業化を断念してしまったり、開発コストがかさみ資金不足になったりすることが多々あるので、研究成果と製品化の間に横たわり、不確実性と複雑性のためにリスクが最も高い段階としての障壁を「死の谷」と表現し、これを最短の時間で通過することが新技術を市場で成功させるための鍵とされている。

この「死の谷」を越えるための要素は、科学技術そのものではなく、研究成果である科学技術を製品に結びつけるマネジメント手法であるために、技術経営論という研究課題ともなっている。このマネジメントを進めるためには、一定の科学的知識と能力を前提として、深い知識に加えて広い知識、こだわることと妥協することのバランス、製作技術（製品を作る技術）、製品の社会への影響を予測する能力、そして決断する力が求められる、といわれている。

このように、技術経営論における「死の谷」の説明をすると、公共施設マネジメントにも同じような「谷」があることに気づくのではないだろうか。

### (3) 公共施設マネジメントにおける「死の谷」

これまで取り組まれてきた「公共施設等総合管理計画」は、財政状況と公共施設の老朽化をマクロ的視点でとらえて、長期的にみた公共施設のあり方（再配置や再整備の方向）を、総面積圧縮への数値目標も含めて示すものであった。当然のことながら、これを実践しないと、財政が逼迫して、ほかの行政サービスも展開が厳しくなることは明確であった。

しかし、この総合管理計画の本質的部分は、施設の「縮充」であるが、これまでの自治体の計画は「拡充」を基本としていたので、縮充のためには、それを実現するための新しいマネジメントの手法を開発しなければならなかった。つまり、縦割りの行政組織ごとに整備されてきた施設を、機能に注目しながら複合化・多機能化による再編成を図ることで、施設総面積を圧縮し、できれば、維持管理費も収益事業を組み合わせることで軽減するという手法の開発が必要なのである。「個別計画」も、総合管理計画の分野別の部分的な計画にとどまることが多く、この計画によって実践が画期的に進むという状況にはなっていないのが現状である。

つまり、「総合管理計画」の目的は、財政的な理由で施設総面積を維持できないことを示し、長期的に公共施設総面積の削減を図る必要性を示したことにあった。しかし、この「総合管理計画」を「個別施設計画」として、特定分野の施設群を対象に、統廃合による縮減目標を立てても、そのままでは面積縮減プロジェクトが進むわけではない。利用者や議会、関連部局、さらには民間企業などとの合意形成や財源調達など、「死の谷」とでも表現できるような困難で厳しい合意形成作業を進めるマネジメントの手法がなければならない。

技術経営に関するいくつかの文章をみると、「死の谷」を突破する方法として、「組み合わせること」、「改良すること」、「少なくともプロトタイプの段階まで形にすること」、「試作品の問題点を予知すること」、「場合によってはあきらめて、やり直す決断をすること」などの手法が挙げられている。これらの手法も、公共施設マネジメントに適用が可能なのではないだろうか。

### (4)「死の谷」を越える「連携」手法と企画調整機能

公共施設マネジメントにおけるイノベーションとは、縦割りを越えることが前提となる。この縦割りを越える手法が他組織との連携であり、その連携を主体的に進めるための企画調整機能である。この章で横浜市の六大事業というプロジェクトと企画調整局という組織を紹介したのは、「他組織との連携」によるプロジェクト方式と、そのプロジェクトをコーディネートする組織機能としてである。

近年、自治体の財源不足とノウハウ不足を克服するための「公民連携」手法が注目されている。公共施設マネジメントに関しては、管理運営の民間委託から始まって、指定管理者制度の導入などが図られたが、さらに、民間の資金やノウハウの導入に向けての「公民連携」のプロジェクトが実現し、連携を進展させる様々なマネジメント手法が開発されている。

中学校の敷地内に市民体育館を建設し、総合型地域スポーツクラブであるNPO法人を指定管理者として管理運営を委ね、学校施設と市民施設とを一体化させた愛知県半田市の成岩中学の事例、図書館にカフェを軸に快適な滞在空間を実現させて従来の数倍もの利用者を市外県外から集めた佐賀県武雄市図書館の事例、指定管理者である民間事業者に数十億円もの施設投資を促して観光拠点として整備し、運営している大阪市の大阪城公園の事例など、「公民連携」による成功事例は増えつつある。

しかし、「連携」は「公民」連携にとどまらない。横浜市の六大事業をみれば、国（公団）の事業として実施した高速道路やニュータウン整備事業、外国での起債による資金調達で埋立による土地造成を行い土地の売却益で住工混在を解消した事業、公営企業会計による地下鉄建設で市内交通を確保した事業、埋立事業と区画整理事業を組み合わせて業務中枢地区（みなとみらい地区）を形成し民間資本で上物を整備した事業などは、現在注目される「公民連携」の枠だけでなく、国（公団）、外国債券（資金）、公営事業、民間開発をも組み合わせたものである。

かつて、横浜市では六大事業以外にも、ゴミ焼却工場とその余熱を利用して、温水プールと高齢者保養施設を整備した。この事例は、市役所内部の部局間協力であったし、横浜スタジアムのように市民株主を募ることで資本金を集め、市の予算をほとんど使わないで整備し、管理運営している「市民と企業の連携」もある。そして、これらの連携事業をコーディネートしたのは、自らの事業費を持たないで、コーディネートに徹した企画調整局という組織であった。

繰り返しになるが、企画調整局が、六大事業やその他の「連携事業」の直接の事業主体になっていたら、事業費は数兆円におよび、とても一自治体の予算（財源）の枠に収まらず、資金調達も、人材投入も、スケジュール管理も、その後の管理運営も成功することは不可能であった。

技術経営における「死の谷」は、公共施設マネジメントにも、資金と人材、ノウハウ、従来型の予算編成、執行（手続き）という形（仕組みや慣行）として存在している。「死の谷」を突破するためには、従来の発想にとらわれないプロジェクト方式と企画調整機能が求められているのである。

### (5) コロナ禍であるからこそ「死の谷」を突破できる可能性が

コロナ禍は、従来の行政施策と業務遂行マニュアルがマネジメントの手法開発に十分な注意を払わなかったために、役に立たなかったことを示した事例として記憶される可能性がある。もちろん、コロナ禍だけでなく、阪神淡路大震災、東日本大震災、さらには、毎年のように多大な被害をもたらす大型台風や集中豪雨など、経済成長という「原資（税収増）」を失った日本をはじめとする先進国において、様々な想定外の「災害」への対応は、常に、行政のイノベーションが求められる状況にある。

特に、今回のコロナ禍は、バブル経済崩壊とリーマンショック以上に、我が国のGDPはもちろん、全世界的なGDPの減少をもたらすと予想されている。国際通貨基金（IMF）の予想では、日本のGDPは、対前年比で５％程度の減少になるとされている。バブル経済崩壊やリーマンショック時の例から、この５％減少は、税収で20％程度の減収になることが想定される。

この30年ほど、成長が止まっていた日本において、20％の税収減は、既に、GDPの２倍程度とされる国債と地方債の発行残高からみても、税の減収を補う財源であるはずの国債、地方債には頼れない可能性が高い。財政調整基金も激減しており、多くの自治体が財源としている地方交付税交付金も原資となる国税が減少すれば、当然に大きく減る可能性がある。

今の時点で、容易に想像できる来年度以後の税収不足は、公共施設マネジメントにとっても、安易な建て替えや複合施設の建設ではなく、「死の谷」を越えるマネジメントにおける大きな発想転換の必要性を示している。

# 第5章

# データに基づく<br>マネジメント

# 1 包括委託でも、保全計画でもデータ活用が鍵

## (1) 徹底した現場主義による具体化への取組み

新型コロナウイルスの感染拡大にともなう公共施設マネジメントへの影響を、ここまで検証してきたが、未曾有の生活変容と財政危機が予想される中でも、公共施設マネジメントを進めなければならない状況には変わりはない。ヒトが集まることによる「三密」を避けるような安全性と施設の利便性の調和に向けて、機能と必要性を十分に分析し、検証することと、一層厳しくなる財政状況において、税金の投入を極力少なくする手法の開発を検討しなければならない。これは、大きなチャレンジである。そして、このチャレンジを進める際に留意しなければならないのは、公共施設マネジメントは、白地のキャンバスに自由に施設や街を描くことではなく、既存の施設と利用者、足りない財源を前提にした難しく「泥臭い」仕事であることだ。

兵庫県高砂市では、2020年度の取組みとして、「全体最適化計画」（個別施設ごとの方向性と今後10年間の維持保全更新費用を明記した計画）の策定と、モデルプロジェクトとして、包括的保守管理委託の準備（対象施設の選定と予算措置、仕様書作成などの公募の準備）と施設複合化に向けたサウンディング調査等の実施を予定している。これらの取組みは、2018年度、2019年度に策定した「公共施設保全計画」の具体化である。

高砂市は、20年間に15％の総面積削減の目標を立てたが、庁内には「実現は難しいのでは」という反応があったとのことである。縦割りの組織と予算を前提にすると、個々の担当部署の事情が優先することもあり、総体としての目標（面積削減）は進まない傾向にあるのが一般的である。そのために、本書では、第３章で明石市の事例を紹介し、縦割りを串刺しにする「包括的保守管理契約」を軸に、全体の最適性を目指す

取組みを提案し、その実効性を紹介、解説を試みている。

高砂市でも、公共施設マネジメントの担当者は、包括的保守管理契約も視野に対応策を検討した。まず、15%の総面積削減の目標設定であるが、これは、現在保有している施設が老朽化した際に、そのまま建て替えることになると、年間15億円もの費用を捻出しなければならないことから、そのために、20年間で15%の総面積削減を行うという「マクロ的」な計画目標を設定したのである。

多くの自治体では、計画策定で数値目標を設定したものの、「総論賛成各論反対だから」、「試算としての目標だが、具体化には個別施設ごとに検討するので、難しい」として、具体化への取組みはなかなか始まらなかった。

しかし、高砂市の担当は、個々の施設の分析と計画を具体化する必要があると、計画系のコンサルタントに委託するよりも、自ら当事者として方向性を検討することになった。そして、2018年には「公共施設の最適化検討にあたっての市の考える方向性」(2018年３月)として、市内の122の施設の１つひとつについて、現状を分析し、維持、縮小、廃止などに分類する再編成に向けての庁内案をまとめた。そして、当面の対応策を具体化するために、53施設に絞って、施設保全計画を立て、施設メンテナンスを専門とする事業者への委託によって、短時間に老朽化の実態、補修・修繕の必要性とその優先度、大筋での事業費をまとめたのである。

この一連の作業には、徹底的な現場主義がある。行政機関には、国も地方も、計画の「策定」に注力し、その「実施」は担当に任せるという傾向がある。これには、全庁的な組織横断的な計画の策定は、企画部門あるいは、行政改革部門など、いわゆる「官房系部局」が担当することが一般的であり、その実施は、いわゆる「事業系部局」が担うという伝統的な役割分担の発想がある。この発想は、人口が増加し、経済が拡大して新たな「事業」が必要になったときに、全体像を示しつつ、縦割りの部局を軸に着実に事業実施を図るという「成長型」の時代には有効に働いた。しかし、「成熟型」あるいは「衰退型」の社会では、「縮充」が必要となるので、縦割りの部局を「束ねる」という取組みが必要となる。

つまり、官房系部局が自ら「束ねる」個別の事業を企画調整して、実施への道筋を付けなければならなくなったのである。これには、第4章で論じた「戦略プロジェクト」設定とそれをコーディネートする「企画調整機能」が必要となる。

高砂市の公共施設マネジメント担当は、まさに、この戦略プロジェクトの設定と、それを実施する企画調整機能を果たすために「保全計画」を、現場の施設の実態を把握することで策定したのである。

戦略プロジェクトとして設定されたのは、保全計画を軸に、包括的保守管理委託の導入による施設の維持管理費の軽減であり、全体最適化計画による施設活用・統廃合計画であった。

### (2) 10年後に訪れる統廃合事業への対応が明確に

高砂市による「保全計画策定」作業の結果で示されたのは、全体最適化計画の実施が10年後に迫っているという客観的な事実（期限）であった。

53の主要施設に対して専門事業者に、その劣化状況と、緊急に対応する必要性（優先度）について調査を委託すると、図表5－1にあるような実態が示された。それは、緊急に修繕をしなければ、重大な事故を引き起こす可能性がある箇所の修繕費が、2020年から5年間に11億円以上もかかり、その間は、改築や統廃合の建設投資ができないという事実であった。この11億円以上の修繕費は、これまで、対応すべきとされながらも、部局別（施設別）に配分されていた予算が不足していたために実施できていなかったものであった。したがって、5年間は、「積み残し」修繕に予算を配分しなければ、施設の安全性が確保できないことになる。

その一方で、2029年あたりから2036年にかけて、多くの施設が「寿命」を迎え、建て替えなければ、これも安全性の確保ができないことも判明したのである。

つまり、「積み残し修繕」に集中する5年間の間に、約10年後に訪れ

図表5－1　不具合対応修繕コストと建て替え建設コストの金額

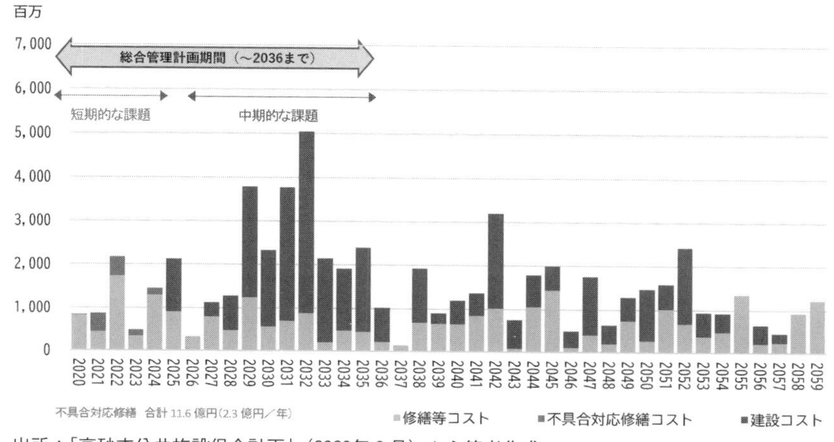


出所：「高砂市公共施設保全計画」（2020年３月）から筆者作成

図表5－2　複合化・多機能化施設の建設スケジュール

出所：筆者作成

る膨大な建て替え費用を抑制する（平準化）するために、統廃合（複合化・多機能化）のプランを策定し、事業化しなければならないという課題も見えてきたのである。

統廃合プランの策定と事業実施のためには、図表5－2にあるように、既存施設の目的と機能、利用実態、コストを詳細に分析し、複合化・多機能化によって必要な機能を維持できる施設を、財源（民間資金も含む）と事業手法も合わせて検討しなければならない。それには、庁内調整で少なくとも２年間、プラン原案を議会や市民に説明し、合意を得るために１年以上、設計に２年程度、建設に３年程度を想定すれば、2020年から検討を始めて、複合化・多機能化した施設が2029年に間に合うかどうかというスケジュールが明示されることになったのである。

このような、主要施設の保全計画策定作業として、専門的な劣化度調査に基づき、対応修繕、建て替えコストを明確にすることで、全庁的な資源（財源と人材）の配分の必要性が誰の目にも明らかになったのは、大きな成果であった。

### (3) 保全計画か包括的保守管理委託か

高砂市では、公共施設マネジメントの担当者が日々の仕事として施設の実情を観察し、担当部署との対応策協議を進めてきたことから、施設の老朽化の深刻さに対する補修などの対応策を至急に進める必要性を考え、保全計画を優先する判断を行った。

包括的保守管理契約の必要性は、当然認識していたが、数百本の契約を一本化するには、担当部局と財政課との調整、サウンディングや募集要項の作成など多くの事務作業が発生する上、議会に債務負担行為の設定（通常は５年間程度）を求めなければならない。

保全計画策定の委託であれば、担当部署による募集と選考作業で実施できることと、保全計画策定作業の対象施設に対する劣化状況の確認も行うことができる。このデータによって、老朽化施設の管理を担当している部署に安全管理上の課題と差し迫る改築の必要性と実施時期についての意識を持ってもらい、結果的に、包括的保守管理契約の実施への合意形成の過程も取り込むことができると考えた。

もちろん、包括的保守管理契約を先行させることもできるが、高砂市の担当者は日常的に、老朽化した施設の対応についての相談を受け、現地の確認も行っていたので、安全管理を軸にした保全計画の方が、担当部局への課題認識と合意形成には近道になると考えたのである。包括委託と保全計画のどちらを先行させるかは、老朽化の現状と、現場での対応、全体の進め方に対する合意形成のスピードによって決まるであろう。

この間、いくつかの自治体で包括的保守管理契約が進み始め、失敗事例も含めて、担当者の認識も深くなってきているものの、まず、包括的保守管理契約の導入を図る自治体が多いのが現状であり、高砂市のように保全計画を先行させた事例は、数少ない事例となっている。しかし、老朽化した施設への対応は、財源難を前提にすれば、複合化・多機能化を目指す以外にはない。そして、その「ゴール」に到達するための手法は、保全計画策定でも、包括的保守管理委託でも、対応する自治体の状況によって選択すれば良いと考えられる。いずれにしても、建築、土木分野はもちろん、電気、機械などの設備の専門職を擁する専門事業者（特に、施設管理運営のノウハウを有していることが重要）の知識と経験を導入することが必須である。総合管理計画のように、全体を俯瞰したデータの整理とマクロ的計画策定であれば、いわゆる「コンサル系」の事業者に委託することで「計画書」の作成はできるが、保全計画、包括的保守管理では、現場実践の経験を持った専門事業者でなければ、適切な業務の達成をアドバイスすることはできない。高砂市の担当者も、保全計画の委託について、「計画系のコンサル系でなくて、施設メンテナンス経験を持った事業者への委託で、現実的な計画が策定できた」と述べていた。担当者が想定したのは、数十の施設の保全計画の策定を委託事業として公募すれば、施設の保守管理を専門にしている事業者は、包括的保守管理を受託している実績を持っていれば、応募する際に「独

**図表５－３　施設の安全確保と合理的再配置に至る過程**

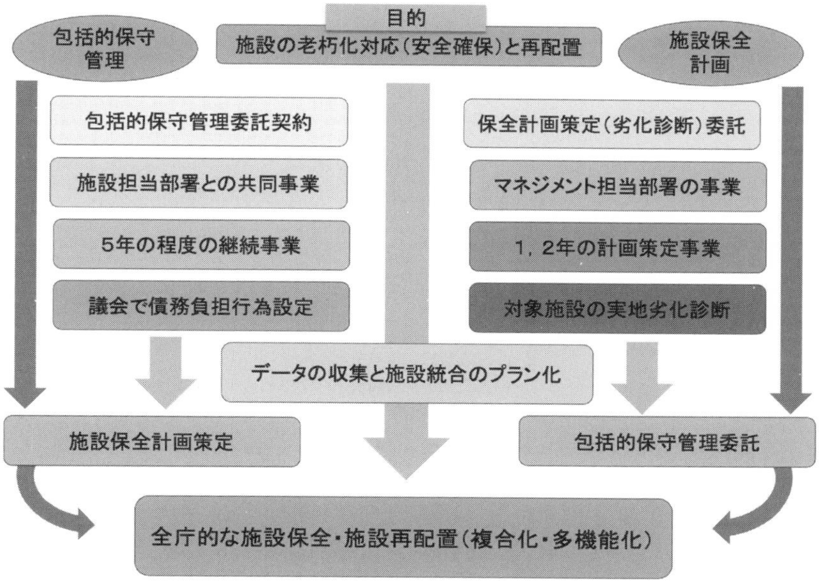

目的
施設の老朽化対応（安全確保）と再配置
包括的保守管理
施設保全計画
包括的保守管理委託契約
施設担当部署との共同事業
5年の程度の継続事業
議会で債務負担行為設定
保全計画策定（劣化診断）委託
マネジメント担当部署の事業
1，2年の計画策定事業
対象施設の実地劣化診断
データの収集と施設統合のプラン化
施設保全計画策定
包括的保守管理委託
全庁的な施設保全・施設再配置（複合化・多機能化）

出所：筆者作成

自提案」として「包括管理」を提案してくるだろうということであった。専門事業者からの提案があれば、庁内の多くの施設管理担当部局に対しても、その必要性を十分に説明して理解を得ることが容易になるという見通しを持ち、結果としてそのねらい通りの効果を得たのである。

そして、保全計画でも、包括的保守管理でも、最も重要なのは、個別施設に関する管理運営上のデータを一元的に収集、整理、分析して、具体的な施設マネジメント計画の策定に役立てることである。図表5－3は、その過程を図示したものである。始めるときは、保全計画でも包括的保守管理でも構わないが、それぞれの作業を通じて、データを収集し活用すれば、具体的な施設マネジメントに結びつく。

包括的保守管理委託契約は、数年間にわたる実施事例を重ねることで進化を遂げて、小規模修繕業務を含めた委託にすることによって、効率的、効果的なスタイルになってきた。現時点での成功モデルとなっているのは、第3章で紹介した兵庫県明石市の事例である。ここでは、公共施設マネジメント担当課と修繕を担当する営繕課とが組織的に合体し、業務の効率化を進めたことから、無理なく数名の人員削減に成功し、実質的にこれらの業務での人件費を数千万円圧縮することができたのである。

明石市の事例は、担当者と副市長の厳しいコスト管理の観点と交渉によって成立したが、このような契約形態と組織再編には時間がかかる。高砂市の事例は、老朽化（施設の劣化度）をリアルに確認することで、施設管理担当部署の理解を進めるために、保全計画という形態をとり、結果的に、事業者からの提案も導き出して安全性の確保を確実にする保守点検管理の必要性を認識させ、包括的保守管理委託契約の導入をスムースに進める布石をおいたことになる。

### （4）全ての施設を対象とせず、主要施設の点検に絞る

高砂市の事例は、施設保全計画の策定にあたって、公共施設等総合管理計画とは違った観点から、対象施設を学校、住宅、大型施設という主要施設に絞ったことに特徴がある。総合管理計画は、全体をとらえる点

で重要ではあるが、地域の極めて小規模な施設も含み、その数が多いこともあって、施設の再編を検討するには相当の労力が必要となる。そして、その労力の割に、小規模な施設を統廃合しても、総面積の削減にはそれほどの寄与がないことも事実である。施設再編成に効果的な大規模施設に絞ることで、再編成の効果を最大化できるという観点で絞り込みを行うことが重要である。また、図表5－7（p.167）に示すように、維持管理者の削減のためにも、面積の上位10施設が総維持管理の半分程度を使っているという実態に対応することが合理的なのである。

高砂市の場合は、比較的安価な委託料によって、目視を前提に施設の劣化度について時間をかけずに判定し、それによって、施設修繕と改築への優先順位を明確にすることができたのである。

# 2 厳しい総合管理計画見直しの取組み

## (1) 総務省通知の悩ましさ

全国の公共施設マネジメント担当者が頭を悩ませているのは、2018年4月25日付け、総務省自治財政局財務調査課事務連絡「公共施設等の適正管理の更なる推進について」という通知における、「総合管理計画の充実について」において、要請されている以下の作業ではないだろうか。

1．公共施設等の現況及び将来の見通しの一項目として、公共施設等の維持管理・更新等に係る中長期的な経費の見込みを総合管理計画に記載することとしているが、経年や団体間の比較可能性を高める観点から、30年程度以上の期間に関し、普通会計と公営事業会計、建築物とインフラ施設を区分し、維持管理・修繕、改修及び更新等の経費区分ごとに示すこと。
2．その際、個別施設計画の策定の進捗に合わせ、当該個別施設計画で定めた具体的な取組の効果を反映したものとするとともに、既存施設を耐用年数経過時に単純更新した場合の（自然体の）見込みも記載し、長寿命化対策等の効果額を示すこと。
3．また、当該団体としての現状や課題に対する基本認識を検討するためにも、中長期的な経費の見込みに対し充当可能な地方債・基金等の財源見込みについても、総合管理計画に記載すること。
4．具体的には、各地方公共団体においては、別紙1及び別紙2を参考に、中長期的な経費の見込み等を総合管理計画に記載すること。
5．なお、中長期的な経費の見込みを含めた総合管理計画の改訂状況等については、各地方公共団体の毎年度末の状況を調査・公表する予定としていること。

## 図表5－4　別紙1（中長期的な維持管理・更新等に係る経費の見込みに係る様式（30年以上の例））

中長期的な維持管理・更新等に係る経費の見込みに係る様式(30年以上の例)　　別紙1

【経費の見込みの記載について】
(1) 総合管理計画の初年度を起点とした30年以上の期間について、次の表の区分により、長寿命化対策等の効果を反映した当該期間において必要となる経費について、普通会計と公営事業会計に区分した上で、それぞれを建築物とインフラ施設に区分して記載すること。
(2) (1)のうち、総合管理計画の初年度を起点とした10年間の経費についても、別紙2を参考に記載すること。
(3) 備考の定義に基づき、「維持管理・修繕」、「改修」、「更新等」ごとの見込み額を記載すること。
(4) 既存施設を耐用年数経過時に単純更新した場合の(自然体の)見込みも記載すること。
(5) そのほか、財政負担の平準化を図る観点から、対象期間の各年度ごとの経費見込みを記載した資料を別途作成すること。
(6) 現在、維持管理・更新等に要している経費について直近のものを記載すること。

【平成○年度から○年間】

今後○年間の公共施設等の維持管理・更新等に係る経費の見込み　　(百万円)

| | | 維持管理・修繕(①) | 改修(②) | 更新等(③) | 合計(④)(①+②+③) | 耐用年数経過時に単純更新した場合(⑤) | 長寿命化対策等の効果額(④−⑤) | 現在要している経費(過去○年平均) |
|---|---|---|---|---|---|---|---|---|
| 普通会計 | 建築物(a) | | | | | | | |
| | インフラ施設(b) | | | | | | | |
| | 計(a+b) | | | | | | | |
| 公営事業会計 | 建築物(c) | | | | | | | |
| | インフラ施設(d) | | | | | | | |
| | 計(c+d) | | | | | | | |
| 建築物計(a+c) | | | | | | | | |
| インフラ施設計(b+d) | | | | | | | | |
| 合計(a+b+c+d) | | | | | | | | |

【備考】
※ 建築物:学校教育施設、文化施設、庁舎、病院等の建築物のうち、インフラ施設を除いたもの。
※ インフラ施設:道路、橋りょう、農道、林道、河川、港湾、漁港、公園、護岸、治山、上水道、下水道等及びそれらと一体となった建築物。
※ 維持管理・修繕:施設、設備、構造物等の機能の維持のために必要となる点検・調査、補修、修繕などをいう。なお、補修、修繕については、補修、修繕を行った後の効用が当初の効用を上回らないものをいう。例えば、法令に基づく法定点検や施設管理者の判断で自主的に行う点検、点検結果に基づく消耗部品の取替え等の軽微な作業、外壁コンクリートの亀裂の補修等を行うこと。
※ 改修:公共施設等を直すこと。改修を行った後の効用が当初の効用を上回るものをいう。例えば、耐震改修、長寿命化改修など。転用も含む。
※ 更新等:老朽化等に伴い機能が低下した施設等を取り替え、同程度の機能に再整備すること。除却も含む。

出所：総務省「公共施設等の適正管理の更なる推進について」(平成30年4月25日)

## 図表5－5　別紙2（中長期的な維持管理・更新等に係る経費の見込みに係る様式（10年間の例））

中長期的な維持管理・更新等に係る経費の見込みに係る様式(10年間の例)　　別紙2

【経費の見込みの記載について】
(1) 総合管理計画の初年度を起点とした10年間について、次の表の区分により、長寿命化対策等の効果を反映した当該10年間において必要となる経費について、普通会計と公営事業会計に区分した上で、それぞれを建築物とインフラ施設に区分して記載すること。
(2) 備考の定義に基づき、「維持管理・修繕」、「改修」、「更新等」ごとの見込み額を記載すること。
(3) 既存施設を耐用年数経過時に単純更新した場合の(自然体の)見込みも記載すること。
(4) 普通会計と公営事業会計のそれぞれの区分ごとに、充当可能な財源の見込み(地方債、基金等の充当額の見込み、充当の考え方等)を記載すること。
(5) そのほか、財政負担の平準化を図る観点から、対象期間の各年度ごとの経費見込みを記載した資料を別途作成すること。
(6) 現在、維持管理・更新等に要している経費について直近のものを記載すること。

【平成○年度から10年間】

今後10年間の公共施設等の維持管理・更新等に係る経費の見込み　　(百万円)

| | | 維持管理・修繕(①) | 改修(②) | 更新等(③) | 合計(④)(①+②+③) | 財源見込み | 耐用年数経過時に単純更新した場合(⑤) | 長寿命化対策等の効果額(④−⑤) | 現在要している経費(過去○年平均) |
|---|---|---|---|---|---|---|---|---|---|
| 普通会計 | 建築物(a) | | | | | | | | |
| | インフラ施設(b) | | | | | | | | |
| | 計(a+b) | | | | | | | | |
| 公営事業会計 | 建築物(c) | | | | | | | | |
| | インフラ施設(d) | | | | | | | | |
| | 計(c+d) | | | | | | | | |
| 建築物計(a+c) | | | | | | | | | |
| インフラ施設計(b+d) | | | | | | | | | |
| 合計(a+b+c+d) | | | | | | | | | |

【備考】
※ 建築物:学校教育施設、文化施設、庁舎、病院等の建築物のうち、インフラ施設を除いたもの。
※ インフラ施設:道路、橋りょう、農道、林道、河川、港湾、漁港、公園、護岸、治山、上水道、下水道等及びそれらと一体となった建築物。
※ 維持管理・修繕:施設、設備、構造物等の機能の維持のために必要となる点検・調査、補修、修繕などをいう。なお、補修、修繕については、補修、修繕を行った後の効用が当初の効用を上回らないものをいう。例えば、法令に基づく法定点検や施設管理者の判断で自主的に行う点検、点検結果に基づく消耗部品の取替え等の軽微な作業、外壁コンクリートの亀裂の補修等を行うこと。
※ 改修:公共施設等を直すこと。改修を行った後の効用が当初の効用を上回るものをいう。例えば、耐震改修、長寿命化改修など。転用も含む。
※ 更新等:老朽化等に伴い機能が低下した施設等を取り替え、同程度の機能に再整備すること。除却も含む。

出所：総務省「公共施設等の適正管理の更なる推進について」(平成30年4月25日)

この要請項目は、公共施設等総合管理計画を実質的に運用するためには、不可欠な項目である。しかしながら、この項目に沿った公共施設の管理運営上の情報を整理することができて、計画に反映できている自治体は非常に少ないのが実態ではないだろうか。

この要請は、多くの自治体にとって、難易度が上がっているように見える。それはなぜか。様々な要因が考えられるが、この要請が建設計画のように精緻な情報を要求していることはともかく、多くの自治体が基礎調査、計画素案策定の大部分をコンサルタントに外部委託していることが最大の要因となっている可能性がある。

2020年３月31日現在で作成率99.9％となった「公共施設等総合管理計画」の策定において、計画の作成業務を外部委託に出した団体が少なからず存在した。また、自前で計画策定を行ったとしても、それ以前に公共施設を対象とした基礎調査業務等を外部委託していた場合も多かったのである。

もちろん、これ自体何ら非難されるべきことではないのだが、結果的に「他力本願」の状態になった可能性がある。それは、そもそも納品成果物として受領したデータやシミュレーションの中身が「よくわからない」という事態に陥っているケースが生じているということである。

### (2) 外部委託実施後の課題にも目を向ける

「紙ベース」の納品成果物のみの提出を得ているケース、CD-ROM 等でのデータの提出を受けていても一体何のデータが使われたのかはっきりしないケース、さらには、様々なシミュレーションの提示を受けても、委託業者が利用したソフトウエアの仕様やプロテクトのために、前提条件等を変更して、別のシミュレーションをやろうとしてもできないケースもある。また、総務省や文部科学省から配布されたシミュレーションソフトについては、原則として仕様の変更ができないために、応用度が低くなっている。

これらのケースでは、個別施設計画や総合管理計画について、新たなフォーマットや考え方で作業を行うことを試みようとしても、これまでに外部委託して作成し、既にホームページにも掲載し、対外的に説明した（してしまった！）シミュレーション数値との整合はどうしたらよいのか、という悩みが生じる可能性がある。

特に、総合管理計画については、その性格からして、今後継続的にメンテナンスが発生し続けると見込まれるのだが、その都度、個別に計画見直し作業を外部に委託する予算の確保は難しく、また、自前でやるには過去に外注任せにしたシミュレーションを再現する自信が持てないこともある。さらに外注先が独自に保有するソフトウエアを使用しているなどの場合は、内部仕様がはっきりしていないケースもあり、自力でやり直すには難易度が高い。このような「負の連鎖」から抜け出したいと思っても、人手も時間も予算も足りず、どうしたらよいかわからない…。このような状態に陥っていないだろうか。

仮に、施設の基礎的調査から始まって、基本計画、総合管理計画、個別施設計画、その後のメンテナンス等を全て同一の委託先に委ねることができるような、潤沢な財源がある団体であれば、計画の更新自体にそれほど悩みはないと思われる。しかし、その反面、全てを委託先に任せてしまうことで、「自分で施設をマネジメントする」意識も希薄となり、どこか他人事となってしまう危険性がある。委託すると、どうしても物理的な「成果物」の受領とその説明に神経が集中し、結果として、危機感を持って、関係部局やトップ、議会、住民などに働きかける実質的マネジメントが進捗しなくなる、という本末転倒の状況に陥る心配も出てくる。このように悩んでいるうちに、人事異動で担当者が替わってしまうと、さらに困難な状況となることもあるだろう。

### (3)「特効薬」はないので、「台帳」間の関係整理から

「別紙１」（図表５−４）、「別紙２」（図表５−５）のような資料は作らなくても良い、と割り切れるならそれでも良いが、老朽化する施設を前にそれも難しい。

まず、事態を直視し「隗より始めよ」である。行政の無謬性神話に束縛されると、「これまでの経緯との整合性」という頭の痛い問題はある

が、まずは、現実から出発するしかない。施設マネジメントは数十年にわたる取組みなので、後任者の負担と悩みを軽減するために、今できることはデータの整理整頓である。それは、当たり前のことと思われるが、実際のところ、施設に関連するデータの整備が問題ないレベルに達している事例の方が少ないのが現状である。

ここからは、施設に関連するデータの整理について順番に点検してみよう。まず、根深い問題でもあるが、施設関連台帳の整合性を考えてみる必要がある。思いつくだけでも「固定資産台帳」「公有財産台帳」「学校施設台帳」があって、それぞれ多くの部分が重なっているが、さりとて同じものではない。存在目的が違うのだから管理項目も違うのが必然なのだが、それぞれの台帳相互に同じ施設や建物が含まれていながら、微妙に名称が違っていたり、住所が違っていたり、コード番号が複数存在していることが多い。

施設マネジメントでは施設と建物（棟）の関係性定義が基本となるので、その作業から始めるべきであろう。例えば、個別施設計画を作成するにあたって、「施設カルテ」として、施設属性を一覧にした帳票を作成することも多いであろう。そこには施設の由来や外観の画像、コスト情報などが記載されるが、「施設評価」が収録されることもある。施設評価とは、いくつかの客観データや定性データを組み合わせたロジックによって、施設の優劣を何段階かに振り分けるものである。その際の評価項目として、「施設」としてより「建物（棟）」の点検情報などが参照されることが多く、建物ごとの点検情報は点数化された後、施設単位に集計され、改修・改築判断の基礎データとなる。このため、複合施設等の取り扱いも含め、まず、施設と建物の関係の定義を整理することが基本となる。

### (4) 施設と「事業」は一体的なコストとして検討する

次に、施設ごとに認識すべきコスト情報について検討してみよう。ここは、建築と会計の世界が交わるところでもあり、いくつかの論点がある。

そもそも「施設のコスト」の定義はどうなっているのか。「別紙１」（図表５－４）によれば「維持管理・修繕」「改修」「更新等」と分けることになっている。公会計の方には「費用」「資産」という分類がある。「維持管理・修繕」は費用として認識されるべき支出、「改修」「更新等」は資産として台帳に計上されるべき支出、ということであろう。「改修」というのは曖昧でわかりにくいが、建築上は「大規模改修」をイメージすれば良いであろう。

いずれにしても、これらは物理的な施設に関わる直接的な費用である。その施設を利用して提供される行政サービス「事業」に費やされる支出については考慮外となっていることが多いが、その部分の整理も必要である。「施設のマネジメント」なのだから直接的支出だけで良いのだろうか。そもそも「なんらかの行政サービス」を提供するために建物が必要になったが、公共財なので市場では供給されないために、行政が自前で巨額の税金を投入して整備することにした、というのが当初の論理ではなかったか。この視点を喪失すると「公民連携」や「施設の改廃」などは成り立たないことになる。つまり、施設とその施設を利用する「事業」のコストとを一体的にとらえ、その効果を検証する必要がある。

## (5) 施設コストには、人件費という間接経費も含まれる

コストの範囲については、まだまだ論点がある。例えば、人件費の配賦（コストの按分）についてである。事業＝１施設であり、その事業で発生する人件費は全て、当該施設の関連経費として見なせる場合は比較的話は簡単である。「施設が存在すれば事業も存在する」ので、そこに発生する人件費も立派な施設関連コストである、という考え方である。しかしながら、複数の施設に関わっている場合には、関連する人のコストはどう分ければ良いか、という人件費配賦の問題も気になる。あるいは、直接施設には関わっていないのだが、本庁にいて施設のマネジメントや政策立案に従事している職員の人件費はどうするのか、という間接人件費の配賦問題もある。人件費の配賦については、「活動基準（原価計算）」を援用する考え方が知られており、最近では「施設の包括委

託」や行政手続きのデジタル化に際して、業務効率化を「金額情報として可視化する」のに使われたりしている。

さらに、間接経費を考えるなら、情報システム部門のコストもおざなりにすることはできない。例えば、今後は、1人1台のPCまたはタブレット配布など、学校施設を中心に情報機材の装備率も上がっていくので、これらの初期費用や維持更新費も施設コストの一部としてとらえる必要も出てくるだろう。

## (6) コスト情報としての減価償却費はどのように説明するか

減価償却費は、公会計情報としてもたらされる「フローの発生主義情報」である。あらかじめ設定された耐用年数に従って、初期の建設費用を按分し、その1年分をその年に発生した施設関連費用として考えよう、というものである。一時的なキャッシュアウトをフロー化して期間配分するのが、その機能である。このような性質であるから、上手く使えば使い勝手の良いところもある。

例えば、施設の長寿命化などを計画する際に、将来のキャッシュアウトフローを予測することを考えてみよう。その際に減価償却費を用いるのであれば、ある種の「平準化」をシミュレートすることとなる。現実の資金繰りとして、財源に公債等を使うことができるのであれば、償還計画を通じて資金繰りは平準化され、減価償却と同様の効果をもたらすことになる。この点は、公会計導入以前から公営企業会計では取り入れられており、「建設公債主義」と同じ話である。

先述の「施設カルテ」に「フルコスト」と称して減価償却費が記載されている例も見受けられるが、その場合、解釈に戸惑うところがある。公営企業会計のように受益者負担の原則が明瞭な会計では「投下資本の回収」という観点からわかりやすく説明ができるが、広く税収でコストを賄う一般会計の事業においては、政策目標と効果、受益者と負担者の関係などを考えると、簡単には説明できない。税金投入とその効果についての評価という問題にも発展する。

## (7) 効率的な情報収集の「自動化」も検討する

本来、最初に触れるべきかも知れないが、情報収集の問題がある。現場では「別紙１」(図表５－４) のような表を埋めるに際して、どのように作業を進めているであろうか。施設別のコスト情報であるから、主たる情報ソースは歳出伝票ということになる。しかし、歳出伝票に施設や建物の情報は含まれているのであろうか。ある団体の「施設カルテ」をみるとしっかりとコスト情報が記載されている。「コスト情報はどこから持ってきたのか」とたずねると「担当課さんに任せました」との回答があった。では、原課の担当者は何を見て「カルテ」のデータを埋めたのか。おそらく、執行伝票を画面で見ながら、あるいはプリントアウトして手元で見ながら、請求書などの情報と突き合わせて、Excel 表に入力するようなイメージであろうか。

そのような作業形態であったら改善の余地は大きい。AI (人工知能) や RPA (ロボティック・プロセス・オートメーション：定型業務の自動化) が単純労働を駆逐すると話題になっている現状では、「非効率的作業」の代表事例になる可能性が大きい。例えば、伝票執行時に、摘要欄に施設・建物名を入力するだけでも、後工程が随分と効率化される。逆に、その作業がなければ属人的な努力に頼るか、延床面積や薄価で施設にコストをばら撒く単純配賦という正確性に保証のない煩雑な作業のために多くのコストをかけることになる。

担当者が見ている「何か」の部分を整理して、システム化できるところはシステムとして組み込む。そして、単純なデータ入力・加工労働から現場を開放し、本来の業務である政策立案に回帰させることこそ、施設マネジメントの第一歩ではないか。施設カルテは、全庁的な業務の標準化がデザインできるので、伝票作成・執行作業のルールを定めるだけで、「働き方改革」にもつながるであろう。

施設を整備することは、最低でも50年は、その施設の存続を前提にすることになる。人口も財源も減少する時代では、維持管理コストのデータ収集・整理活用を基盤にした計画策定が必須となっている。「我がまち」を存続させるためという観点から、上記の順に従って計画策定に取り組めば、総務省や県の「指示」（要請や通達など）に従って、計画書の作成を行うという負担感も少し軽くなるかもしれない。

過去に整備された施設は「資産」として、その活用を最大限に考えて、非効率な資産なら売却や廃止によって現金化や負債処理を行う。使える施設であれば、現在の資金負担を最小限にする運営を考える。そして、新たな投資を行う際には、将来の税収を束縛することを極力避けて投資額を最小限にする。このように、過去、現在、未来の資産活用をデータを基に計画する必要があるだろう。

# 3　公共施設の経済的評価方法

## (1) 公共施設の評価

公共施設マネジメントに関する計画の有効性および実効性を確保するためには、やはり計画に先立って公共施設の現状の把握が優先されるべきである。その上で、限られた財源での対応を前提とすれば、優先して対応すべき施設の選別が避けては通れないであろう。その際、どのように施設を評価するのか、という難問が横たわっている。もちろん、この問題に一意の解はないと思われるが、さりとて全くモノサシがない状態で先に進むのも心許ない。そこで、ここでは、公共施設の評価に関する論点を概観し、これまであまり取組みが行われたことがなかった「公共施設がもたらす便益」からのアプローチをご紹介したい。

公共施設等に関する評価については、これまで様々な提案が行われてきた。その多くは、入手可能な施設の属性データと利用者のデータを組み合せて、多面的立体的に施設の評点化を行うものであろう。例えば、学校施設の評価については、安全性、快適性、経済性など複数の観点についてＡ～Ｄの４段階評価を施し、それらの総合点による学校施設の評価手法が、文部科学省によって提言されている。

この分野における最新の取組みとしては、国立研究開発法人科学技術振興機構のプロジェクト「地域を持続可能にする公共資産経営の支援体制の構築」（研究開発期間：2016年10月～2020年３月）においてまとめられた評価手法が挙げられよう。この研究プロジェクトは、本書執筆者でもある東洋大学南学客員教授をコーディネーター、前橋工科大学堤洋樹准教授を主査として、多くの基礎自治体参加の下に行われた。

このプロジェクトにおける評価手法では、公共施設を評価するにあたり、図表５-６にあるように「管理者視点（ハード面）」と「利用者視点（ソフト面）」という２つの立場に立ってそれぞれ３つ、合わせて６つの項目からなる評価軸を作成した。これら６つの評価軸は、それぞれ２つの指標からなるため、合計で12の指標から構成されることになる。これら、12の指標を総合しスコアを算出することによって、施設の「用途廃止」や「維持継続」など４つのカテゴリに、管理対象とする全ての公共施設をマッピングすることとした。

施設に関して12ものデータ項目を集めてくるのは容易ではない、という批判があるかもしれない。しかし、「これから施設を廃止、もしくは統合するかもしれない」という重大な意思決定の局面において、「点検情報がない」「利用者数がわからない」といった状況では、説明責任を果たすことはできない。また、12のデータ項目のほとんどは、既に自治体が様々な形式において、それぞれの関連する部署で保有しているものである。ただ、それらのデータが施設管理という観点から、施設に適切に紐付けられていないだけ、という状況にある（もちろん、一部の自治体では適切にデータとして集約され分析されている）。

データを集約し、それを計画作りや予算要求時に添付しなければならない「資料」として位置付けることができれば、全庁的に一元化された評価につながる可能性が高まる。この点では、企画、財政担当部局が権限を行使する必要があるだろう。

図表５－６の評価指標の中には「経済性」として施設の維持にかかる

図表５－６

| 6評価 | 12評価 | 必要情報 |
|---|---|---|
| 建物劣化度（安全性） | 建物性能 | 竣工年・大規模改修年 |
| | 耐震性能 | 耐震性能 |
| 建物管理度（健全性） | 法定点検・劣化診断 | 12条点検(建物)・劣化診断(建物) |
| | 消防点検 | 消防点検結果 |
| 運用費用度（経済性） | フロー | 光熱水費・委託費・人件費・保守点検費・使用料 |
| | ストック | 補修費 |
| 設備管理度（快適性） | 法定点検・劣化診断 | 12条点検(設備)・劣化診断(設備) |
| | バリアフリー | バリアフリー調査結果 |
| 立地環境度（有用性） | 人口密度 | 500mメッシュ人口密度 |
| | ハザードマップ | 各種ハザードマップ |
| 施設活用度（利便性） | 活用率 | 利用者数 |
| | 稼働率 | 開館日数・開館時間 |

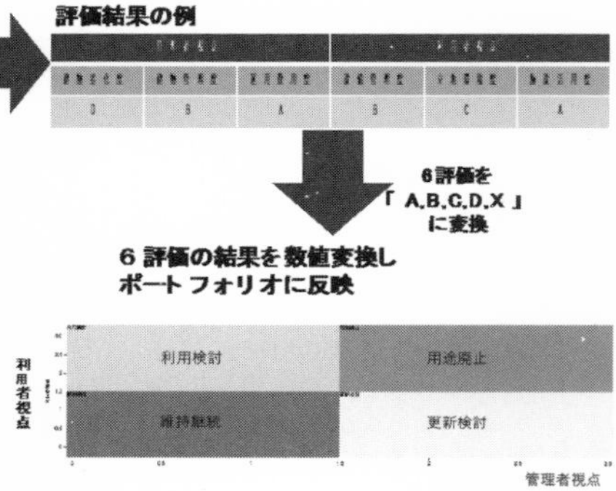

評価結果の例

6評価を「A,B,C,D,X」に変換

6評価の結果を数値変換しポートフォリオに反映

利用者視点

利用検討

用途廃止

維持継続

更新検討

管理者視点

出所：筆者作成

図表５－７

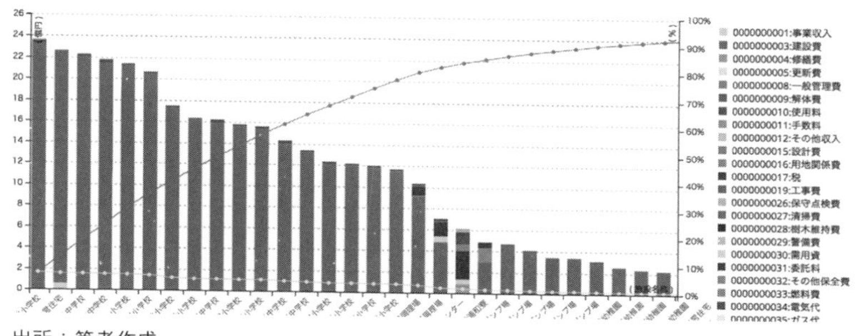


出所：筆者作成

費用も採用されているが、費用や収入といった金銭的データのみを使って直線的に施設評価を行うことも考えられる。筆者の経験によれば、大体どこの自治体においても、施設別の年間コスト発生額を金額の大きい順に並べてみた場合、ほぼ上位10程度の施設が、施設コスト総額の半分程度を使っているという傾向が見られる。そのため、じっくりと「多面的評価」を行っている余裕のない自治体においては、施設コストの上位10施設に絞って、重点的にマネジメントに取り組む、という手法を適用しても、ある程度の客観性は担保される可能性が高い。

例えば、図表５－７のグラフはある自治体において、施設にかかる年間施設維持費を金額準に並べてみたものである（棒グラフ：左軸）。折れ線グラフは施設コストの「累積度数」を示しており、年間に支出された全ての施設コストを足し上げると100％になるように作図されている（右軸）。折れ線グラフが50％になる点において、約10施設分のコストが積み上げられているのがわかる。「これら上位10施設の年間支出を10％でもカットすることができれば、それ以外の施設は温存できるかもしれない」というような分析ができる。この章の最初に紹介した高砂市の保全計画策定の事例は、まさに主要施設を重点的にマネジメントしたものである。

「施設コスト」の中身に、発生主義データをフローとして算入する観点からは、総務省において、従来行われてきた事務事業評価の枠組みに、減価償却費等の施設コストを加味して活用している事例が紹介されている。ただ、安易に減価償却費をコストとして算入するのではなく、建設時に充当された補助金や地方積など、財源種別の問題は考慮すべきである。

東洋大学の根本祐二教授の研究では、公共施設評価における発生主義財務データ活用の重要性を指摘し、公共施設の効率的運用を促す観点から、「公共 ROA（Return On Asset）」の導入を提案している。ただし、公共における利益概念、および公共施設の経済的資産性の欠如から、公共 ROA を「コスト÷規模＝規模あたりコスト」として定義している。

公会計の枠組みにおいては、公共施設の資産価値を取得価額や再調達価額としている。これも１つの評価には違いないが、施設マネジメントにおいて知りたい価値は、不動産としての経済価値ではなく、住民が公共施設に感じている価値である。したがって、バランスシートに計上されている「評価額」をそのまま施設評価の評価指標とすることの是非は検討しなければならない。

### (2) 公共施設における便益

このような流れとは別に、施設の価値を施設属性と利用者の選択行動から貨幣化して計測しようとするのが「費用便益分析」と呼ばれる手法である。換言すれば、排除性の低い公共サービスにおいては「収益」の概念が曖昧である。公会計でも表現できていない。そこで、その「収益」に置換すべき存在として「便益」を推計し、費用、すなわちサービスの供給コストと対比してみせよう、というのが費用便益分析である。推計された便益が費用を上回れば、その公共サービスは税金を使って実施されることに正当性を得ることとなる。

費用便益分析そのものは従来から「B/C（ビー・バイ・シー：コストを分母とし、便益を分子とする）」としても知られている。国においてはその利用が法制化もされており、総務省の「政策評価ポータルサイト」（https://www.soumu.go.jp/main_sosiki/hyouka/seisaku_n/portal/index.html）では、各省の取組みが一覧できるようになっている。

しかしながら、この手法が公共施設へ適用されている事例は思いの外少ない。数少ない例としては、岩手県の県立図書館を対象として、移転新築事業に伴う便益の増加とその要因が主に延床面積に依存することを明らかにした先行研究などがある。

では、施設から得られる便益は、どのように計算すれば良いのであろうか。様々な用途の施設が存在し、様々な嗜好（要求）を持った住民が存在する中で、何か簡単な計算方法はあるのだろうか。この問いに対して、実は非常にシンプルな発想に基づいて計測できる手法の存在が知られている。

いささか拍子抜けするかもしれないが、施設が提供する公共サービス（教育、文化活動、スポーツ、コミュニティ活動など）は、その施設に行かなければサービスを享受できないことを想起していただきたい。そのようにとらえると、利用者が公共施設から得る便益は、その用途にかかわらず、「施設までの移動コスト」によって代替的に表現できると考えられる。そのため、数ある便益計測手法の中でも、利用者の移動情報を用いてサイトの価値を評価する手法である「トラベルコスト（旅行費用）法」と呼ばれる方法が利用可能となる。

ここには大いなる割り切りがある。すなわち、何の目的で施設を訪れるにせよ、その施設を利用するには、ほかの「何か」を犠牲にしているはずである。仮に施設への移動時間や滞在時間などをアルバイトに費やしていれば、賃金を得られていたはずであろう。しかし、それらの得られたはずの利益を放棄して施設を利用したのであるから、機会費用も含めた旅行費用が施設利用の価値ではないか、と考えるのである。行政サービスの中でも、利用者が「訪問」して利用するサービスについては、このような方法で便益の計測が可能である。

このような公共施設評価計測の手続きは一般化して図表５－８のように整理することができる。

図表５－８において、「公共施設の分類」の項目が最初に配置されているのは、公共施設が義務的な目的で使われるのか、あるいは、利用者の自発的な選択結果に委ねられるのか、その区別を行わなければならない、という意味である。例えば、小中学校のように通うべき地域・施設が指

図表5－8　施設の便益を評価するための概念図

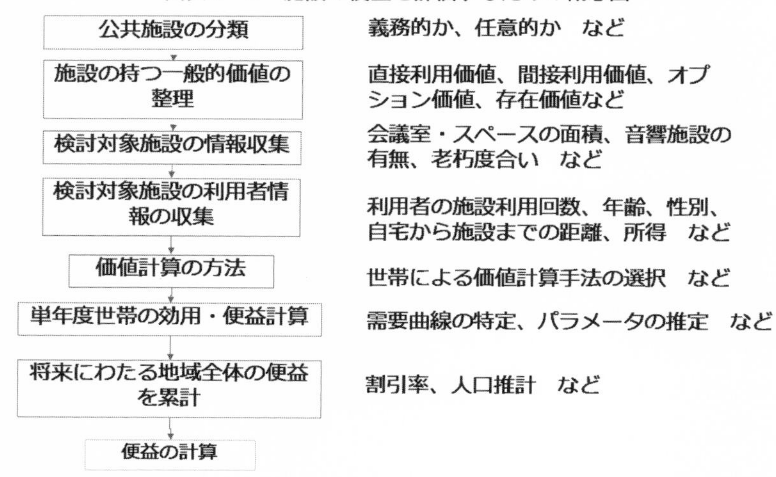


出所：筆者作成

定されていたり、役所の庁舎のように、そこに行かないと受けられないサービスを提供している施設については、施設を利用することにある種の強制力があるので、便益の推計には馴染みにくい。ただし、学校施設でも、その一部である体育館や校庭の市民利用に関しては「目的外利用」として、便益の計測が可能である。また、役所の窓口サービスも、コンビニでの住民票発行などの導入で「役所まで行かなくて良い」となった場合には得られる便益の計測は可能である。

「一般的価値の整理」については、施設利用に関して、本源的利用価値のほかに、例えば、その施設の存在が環境や景観にプラスの作用をしていると考えられる場合、そこから得られる価値の存在も考慮すべきである、という考え方である。良質な公園の周辺住宅地はその他の地域に比べて地価が高いとされる先行研究もある。

「施設情報の収集」については、当該施設の属性が利用者の施設選択に影響を与えていると考えられるため、便益の推計に際して、可能な限り施設の属性を収集しておくべきである。これらについては、施設台帳から関連データを入手できる可能性が高い。

「利用者情報の収集」については、実際に当該施設を利用する人の属性が必要となる。特に、便益の推計上、移動コストが重要になるため、利用者の行動における時間単価、すなわち所得に関する情報を入手しなければならないが、通常は延利用人数しか把握できていないことも多くなかなかハードルが高い部分である。

「価値計算の方法」以降については、若干技術的な話になるので割愛させていただくが、関心があれば、国土交通省が公表している小規模公園の費用便益分析の手法解説書が参考になる。簡単に説明すれば、施設利用から得られる効用（満足）を説明することができる変数（要因）とその影響度合いを統計的手法によって推計する。その上で、得られた便益が、サービスが存続する将来に向かって累積すると仮定して、合計値を算出する作業を行うのである。

## (3) 公共施設の財・サービスとしての性質

公共施設が与える便益の性質について、最後に、施設サービスの特徴から整理しておこう。

公共施設が提供するサービスは、教育、スポーツ、福祉、娯楽、コミュニティ活動等の様々な内容を持つ。このとき、公共施設に対する需要は、「派生的な需要」であると考えることができる。つまり、施設に行くこと自体が本来の目的ではない。本来目的であるサービスが提供されるのであれば、その場所は公共施設である必要はない。民間施設でも良いだろう。そのため、本来の目的が減少したり民間サービスで代替されれば、施設が提供する面積や空調などの属性やサービスレベルに関係なく、施設サービスそのものへの需要が変動することがある。まさに、「コロナ禍」によるヒトが集まることへの制限は、派生需要である公共施設への需要を減らすことになる。コロナ禍によって、期せずして、我々が公共施設というハコに関して気付かされたことは、まさに、「施設利用における本源的需要は何だったのか」ということであろう。

コロナ禍の影響によって、既に民間部門ではオフィスビルの床余剰が顕在化しつつある。イノベーションや社員のモチベーション維持に必要である、としてオフィス回帰を志向する企業もあるが、従前ほどの床面積は必要としない、と考える経営者が過半であろう。どちらの経営判断が正しいのか、現時点での結論は定かではないが、この状況を奇貨として環境変化に対応した企業が勝ち組となることは想像に難くない。民間企業では、オフィスに関してもその必要性を「合理的に」判断することになるが、一方で公共施設はどのように判断されるのであろうか。公共施設を使って供給されている本源的サービスのうち、少なからぬ割合がIT 化によって代替できると考えることは自然である。

ネット経由では利用できない行政の「窓口サービス」であっても「そこに行かなくても良い」便益を考えることができる。移動役所が可能になり、役所等に来訪しなければ得られなかった行政サービスを自宅やその周辺で受けられれば、利用者には、来訪のための移動時間（その分の所得）、および、移動費用相当の便益が発生する。もちろん、供給側にも、IT 化に伴う事務処理費用の削減がある。さらに敷衍（ふえん）すれば、来庁者が少なくなることで、駐車場が不要になる。また、窓口に人が来なくなることで、対応する職員もそこに居る必要がなくなる。人が居る必要がなくなれば、カウンターや待合場所なども含めた広い床面積も必要なくなる。床面積が縮小すれば維持費も安くあがる。IT 化の促進（電子政府の進展）は、施設総量縮減に効果をもたらす有効な手法となるだろう。

ここでは、役所の内部に散在する各種データを「施設評価」という視点から再編集することで用意できる、新たなモノサシを紹介した。「費用便益分析」はこれまで行われてきた感覚的な評価手法とは趣を異にし、利用者の選択行動から施設の貨幣的価値を推計しようとするものであった。難点は利用者のデータが得にくい、ということである。しかし、皮肉なことにコロナ禍の影響によって、施設利用の実態を従来通りに考えることはできなくなった。公共施設マネジメントを進めるためにも、利用実態についてのデータを掌握しなければならないのである。

コラム

## 施設評価の試み（学校の目的外利用を例として）

公共施設マネジメントにおける学校施設の活用については、第2章で展開したが、費用便益分析を公共施設に適用する際には、以下に述べるような理論上の論点がある。

### ■学校の便益をどのようにとらえるか

小中学校等の学校施設は義務教育サービスを提供するための施設であるため、学校施設の機能は義務的消費財であり、需要に利用者の選考による効用の差を評価するのは難しい。例えば、学区による地価の相違は、学校の学力なのか、地域の構成世帯の質を大きく反映しているのか因果の特定が難しい。

他方で、学校施設は地域において義務的消費以外の機能を有する。例えば、文部科学省によれば、学校施設は「地域住民にとって最も身近な公共施設として、まちづくりの核、生涯学習の場としての活用を一層積極的に推進するためにも、施設のバリアフリー対策を図りつつ、必要に応じほかの文教施設や老人福祉施設等との連携や地域の避難所又は緊急避難場所としての役割を果たし、また、景観や町並みの形成に貢献することのできる施設として整備することが重要である」「また、学校や地域の特性に応じた防犯対策を実施し安全性を確保した上で、必要に応じ、地域住民の積極的な利用の促進を図ることができるよう、地域住民との共同利用のできる施設として計画することも重要である」としている。

すなわち、学校施設は選挙やスポーツ施設利用、空き教室の利用等の目的外利用も期待されており、多くは地域住民等が学校施設を選択的に利用すること、あるいは、オプション的な利用が想定されている。そのため、学校施設の評価については、学校教育面での本源的需要を切り離して、目的外利用に限定して便益の測定を行うことが望ましいと考えられる。

## ■学校施設利用に際しての選択行動

学校施設の目的外使用に関する選択行動を考える。地域住民にとって学校施設の利用は居住する学区のみならず、同じ自治体の他学区の施設も利用可能である。よって、施設の選択行動は、①学校を利用するか、利用しないか、あるいは、②最寄りの学校と近隣の学校のどちらかを選択する、という２項選択問題か、③いくつかある近隣の学校のいずれかを選択する、という多項選択問題としてとらえることができる。

また、選択においては利用者の属性と施設の属性が説明要因となる。学校施設の目的外使用については、利用目的ごとに関連する施設の種類や規模等を特性変数として設定する。例えば、ある学校を目的外使用するか否かの選択は、利用目的が地域のスポーツチームの練習であれば、施設が解放されていることを前提として、運動場や体育館の広さ、学校へのアクセスのしやすさ（旅行費用）、料金の有無といった選択対象の特性変数と、家族構成、性別、居住年数等の地域住民に関する属性によって決定されると考えられる。

## ■学校施設の地域開放の評価方法

学校施設の目的外使用に焦点をあてて、その経済的価値の計測を行うために、非市場価値の評価手法について整理する。非市場価値とは、環境外部性のように市場取引されないが人々の選好や選択に影響を与える資源配分上の変化の評価方法であり、公共財の性質により需要が観察できない公共施設やサービスの評価にも用いられる。非市場価値の評価手法は２つに分類される。顕示選好法と表明選好法である。前者は評価対象の財に関連する市場に顕示される選択や需要の情報を用いるのに対し、後者は仮想的な市場や状況を提示した場合に表明される選択の情報を用いる。 学校施設の目的外使用には、レクリエーション、交流、健康など様々な目的が想定される。それぞれの需要を個別に評価して足し合わせる方法は、二重計算や計測漏れの恐れがあることから、それぞれの効果を学校施設の需要として総合的に計測する手法が適している。

表明選好法は、仮想的な選択の状況をより実際の状況に近づけるために、評価対象財サービスの選択について、詳細なシナリオを設定することが求められる。その点で、多様な目的を持つ学校施設の目的外使用のシナリオの設定は困難であると考えられる。一方、顕示選好法は、利用の目的が何であれ、学校施設への移動を代理市場とする旅行費用法に代表されるように、多目的な利用の総合的な評価方法に適する。

**■地方自治法における位置づけと効率性**

公共施設を自治体が供給する際の根拠は、地方自治法第10章における「公の施設」にある。第10章では、公の施設の意義および住民の利用権を明らかにしている。地方自治法第244条第１項では、「住民の福祉を増進する目的をもってその利用に供するための施設」と定義されており、条文から次の要件を満たすものとされる。すなわち、①施設であること、②住民利用に供するためのものであること、③当該普通地方公共団体の住民利用に供するためのものであること、④住民の福祉を増進する目的をもって設けるもの、⑤普通地方公共団体が設けるものであること、である。さらに、普通地方公共団体は住民が公の施設を利用することについて、不当な差別的取扱いをしてはならないことを規定している。

これらの要件から成る公共施設の性質を、経済学的にとらえるとどうなるであろうか。住民の「福祉の増進」は住民の効用（満足）

最大化に寄与することに該当するであろう。また、「(当該普通地方公共団体の) 住民利用に供するための施設」であることは、地域公共財(クラブ財＝一般道などのインフラに比べて排除性が高い財)であることを示す。さらに、「普通地方公共団体が設けるもの」であることから、地方自治法第２条第14項(最少の経費で最大の効果)に照らせば、施設の整備・維持管理・更新に際しては効率性を考慮する必要があると考えられる。

### ■施設評価の試み

以上の議論から施設利用の便益評価においては、施設の利用料金および施設までの移動の一般化費用を一次的評価と考えることができるだろう。これは便益の一部を保守的に表すことになるが、評価に必要な情報収集コストが低く、施設間の比較が容易となり、全国の公共団体が簡便に便益評価を行える利点がある。また、施設ごとの詳細な再編計画策定等においては、供給量効果や利用者数効果を含めた詳細な便益評価に展開する基礎ともなる。

便益評価の手法としては、移動の情報を用いてサイトの価値を評価する手法である旅行費用法および離散的選択手法を用いることができる。一部の施設属性と利用者の所得情報が公共施設の利用に明示的な影響を与えることが確認されており、公共施設の便益計測において一定の手法となり得る。

# 第6章

# 地方財政とマネジメント

# 1 コロナ禍における転換

## (1) 地方財政と地方財政計画

地方財政制度はどうあるべきかを考える出発点となるのは、地方公共団体の法的な権限が、国の法律によって定められていることである。地方財政法は、地方公共団体における自治事務（法定受託事務以外の事務）と、国からの一定の行政任務を委託（法定受託事務）されている行政任務を担う上で、必要な財源が調達できるような地方税、地方財政制度を、国の責務として設けることを求めている。

地方公共団体は、法律によって国が地方の責務を決定する法定受託事務はもちろん、地方分権のもとで、地域によって多様な行政の活動、地域住民のニーズに応じたサービスの展開において、地域が任された行政任務の範囲の中で、国に依存することなく責任を持った活動を行っていることから、その活動を可能にする財源調達も含めて地方財政の担う役割は大きい。したがって、税制、財政システムは複雑にならざるを得ない。

地方財政制度の中心は、地方税であるべきとされながらも、財政力格差が大きいため、全国的に標準となる仕事を確実に実施することと、格差の是正を行うために、地方交付税という財源補償の制度（仕組み）が規定されている。そして、この地方交付税の財源としては、国の税収の一定割合の配分が義務づけられている構造となっている（国会答弁によっても、地方交付税の財源は、所得税、酒税などの主要税収の３分の１程度が「地方の税収を国が代行徴収している」との解釈から配分されているとされている）。

地方財政制度の特徴は、マクロである地方財政全体としても政策分野ごとの制度的財源保障（補助金、交付金）と、ミクロである個別団体への財源の配分の２段階に分けて制度がつくられていることである。地方交付税に対して、多くの行政マンの関心事は、各団体の普通交付税額を決定する基準財政需要額や基準財政収入額といったミクロ（個別団体）ベースであろう。しかしながら、ミクロの積み上げが地方財政全体であるマクロとはならない。このような国から地方への財源保障機能について健全性を確保するためには、地方財政計画が重要となる。

マクロ（地方財政全体）計画は国の予算編成に並行して作成され、地方財政計画を中心に制度運営が行われている。事務配分に応じて地方として財源が総額としてどれくらい必要であるかを見積もり、それに応じて、歳入である財源総額を確保するという機能を持っている。そして、歳出歳入が同額となるよう、地方交付税が調整弁として機能している。この地方交付税等を総額として確保することが、毎年度、予算編成の中で１つの焦点となっている。このように確保された財源を、個別の団体に配分するための基準が、団体ごとの標準的な財政需要である基準財政需要額となる。あるべき財政重要に応じて配分することが基本ではあるが、同時に地方財政計画で地方財源の総額は先に決まっている。そのため、各自治体においても地方財政計画は重要である。

成長型経済の終焉とともに、税収の伸びも低下し、国の財源が限定的であることと、地方における財政需要の積み上げとの関係からは、常に地方交付税が不足する傾向にある。このため、2001年からは、交付税特別会計による借入金が30兆円を超える多額となったために、不足分について地方公共団体が「臨時財政対策債」を発行し、償還は全額後年度負担の交付税で対応することとなった。ところが、臨時財政対策債の発行残高は50兆円を超えて、地方債発行残高全体の４分の１を超える状況になっており、今後の地方財政計画の健全性確保については、国会でも議論されているように、確実な展望を見出しにくくなっているのが実態である。

そして、今回のコロナ禍による国と地方の税収の悪化が確実であることから、「総務省は、2021年度に地方自治体に配る地方交付税を前年度予算比で約4千億円減の約16兆2千億円とする。新型コロナウイルスの影響で、原資となる国税は減る見込みで交付税も抑える。ただ地方税収も減収が避けられず、自治体の財源不足を補う臨時財政対策債（赤字地方債）は約3兆7千億円増の約6兆8千億円に増える」（日経新聞、2020年9月25日朝刊）としている。このように、コロナ禍における地方財源の確保は、臨時財政対策債以外の手法が採りづらいこともあり、将来的な地方財源の確保は非常に厳しい状況にある。引用した新聞記事は2020年9月の時点のものだが、その後の税収見積額はさらに厳しくなっている。

## (2) 近年の地方財政計画の動向

図表6－1は地方財政計画の推移をまとめたものである。地方財政計画の規模は、このところ大きくなっている。地方財政計画の歳出において、最も伸びているのが、一般行政経費の補助事業分である。補助事業は、それに対応する一般財源充当が必要である。補助事業の伸びというのは、それに対応する一般財源充当分の伸びも意味し、一般行政経費の補助事業の増額を、そのほかの経費を圧縮することで補っていたことになる。これまでは、基本的には人件費の圧縮と、投資的経費が長期的に減額されていたため、それを受けて公債費が減少して賄うことができたと考えられるが、これを同じように続けていくことは難しくなることは容易に予想できる。

近年、大型台風、水害等、甚大な自然災害が各地で発生し、社会・経済のインフラやシステムの脆弱性が指摘されたことから、2019年に引き続き、2020年度の地方財政計画にも、ハード面に関しては強靭化対策が求められ、緊急浚渫推進事業費が計上され、また、指定避難所や災害拠点施設等の浸水対策や防災インフラの整備の推進として、緊急防災・減災事業費および緊急自然災害防止対策事業費の対象事業の拡充がされた。また、「まち・ひと・しごと創生事業費」や公共施設の老朽化対策の推

図表６－１　地方財政計画の推移

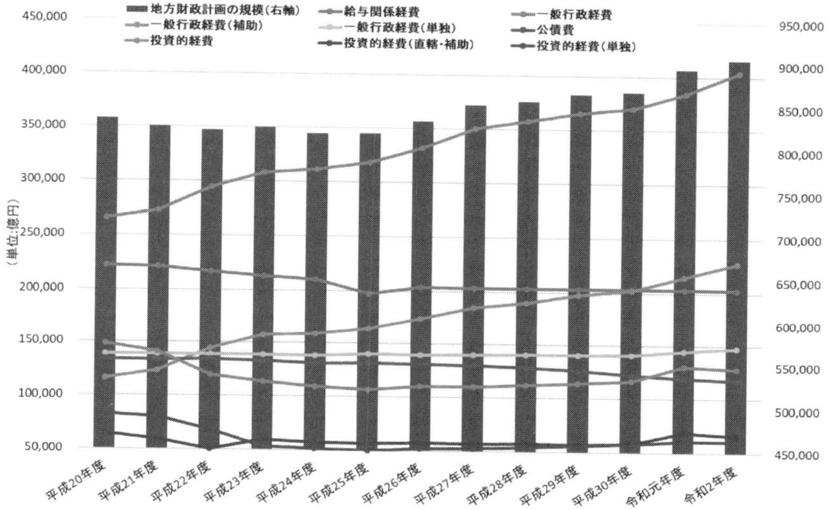

出所：総務省「地方財政計画」2008年度～2020年度を参考に筆者作成

進のための費用は、マクロで税収が伸びる中で、税収に恵まれない自治体が課題への対応をするための措置とみることができる。地方財政計画は、財政状況によって異なったとらえ方をすべき点もある。また、これまでソフト面に関しての進展はほとんどみられていなかったが、コロナ禍については、過去の震災等とは異なり、生活や働き方などの意識にまでその変化が及んでいることもあり、次の課題となることは間違いないと考えられる。

これまでの状況から、コロナ禍への対応としての新たな地方財政措置の必要性、一般行政経費の補助事業分の増加に対応する一般財源の充当、強靭化対策のためのインフラの維持管理は必須である。さらにはコロナ禍における景気の低迷による税収減が見込まれる中、来年度の地方財政計画では、多くの自治体で厳しい状況となり、特に、単独事業として行っていた公共施設等へ財源を割くことはより厳しい状況となるであろう。

また、コロナ禍以前は、地方債発行の抑制、臨時財政対策債の減額や一般財源の中で地方税のウエイトが高まるなど、地方財政計画においては、地方財政の健全化とみることができたが、個々の自治体の財政健全化を意味するものではないことにも注意しなければならない。地方財政計画では公債費も減少傾向であるが、地方財政計画上の地方債の償還期間よりも、償還期間を長くしている自治体においては厳しい財政運営となる。地方財政計画と各自治体の財政状況との乖離にも注目すべきである。

# 2 財政力指数と財政運営

## (1) 財政力指数が高い自治体でも赤字の場合がある

財政状況を把握する場合、自治体の財源の豊かさをみる財政力指数と、財政運営のよしあしは異なる点も注意しなければならない。そこで、ここでは財政力指数と財政運営について述べることとする。

財政力指数は基準財政収入額を基準財政需要額で除した数値である。すなわち、財政力指数が高いほど普通交付税を算定する上での留保財源が大きくなるため、財源の自由度、豊かさを示している。そのため、地方自治体の財政状況を判断する指標としても多く用いられている。財政の豊かさと、財政運営がうまくいっているかは別であることはわかっているのにもかかわらず、勘違いしている場合も少なくないし、財政力指数が高いところほど、緩い財政運営をしていると見受けられるところも多い。

図表6－2には、財政力指数（2018年度）と2014年度～2018年度の5年間において実質単年度収支が何年赤字となっているか、その団体数

**図表6－2　財政力指数と実質単年度収支赤字**

（単位：団体）

| 財政力指数 ＼ 実質単年度収支赤字（単位：年） | 0 | 1 | 2 | 3 | 4 | 5 | 団体数 |
|---|---|---|---|---|---|---|---|
| 0～0.19 | 25<br>11.3% | 39<br>17.6% | 64<br>29.0% | 53<br>24.0% | 25<br>11.3% | 15<br>6.8% | 221 |
| 0.2～0.39 | 47<br>9.2% | 77<br>15.1% | 129<br>25.3% | 133<br>26.1% | 88<br>17.3% | 35<br>6.9% | 509 |
| 0.4～0.59 | 32<br>8.6% | 36<br>9.7% | 88<br>23.8% | 98<br>26.5% | 70<br>18.9% | 46<br>12.4% | 370 |
| 0.6～0.79 | 15<br>5.0% | 46<br>15.3% | 88<br>29.2% | 72<br>23.9% | 53<br>17.6% | 27<br>9.0% | 301 |
| 0.8～0.99 | 9<br>3.9% | 40<br>17.2% | 60<br>25.9% | 61<br>26.3% | 37<br>15.9% | 25<br>10.8% | 232 |
| 1.0～1.19 | 2<br>3.9% | 17<br>33.3% | 18<br>35.3% | 3<br>5.9% | 4<br>7.8% | 7<br>13.7% | 51 |
| 1.2～ | 6<br>18.8% | 9<br>28.1% | 10<br>31.3% | 4<br>12.5% | 2<br>6.3% | 1<br>3.1% | 32 |

出所：総務省「決算状況調」2014年度～2018年度を参考に筆者作成

（下段にはそれぞれのカテゴリーにおける割合）を示している。5年間全てにおいて積立金を取り崩している赤字団体は156団体（全体の9.09％）、5年中4年が赤字の団体は279団体（全体の16.2％）である。

財政力指数が低い、すなわち財源に恵まれていない自治体ほど、実質単年度収支の赤字年が少ない傾向もみられる。一方で、財政力指数が高い団体においても、5年間、4年間と赤字を続けている団体も少なくない。赤字の補填は、財政調整基金によって実行されていることが多い。

地方財政審議会「今後目指すべき地方財政の姿と令和2年度の地方財政への対応についての意見」では、基金について、「歳入・歳出の変動は、基金で対応することが地方財政制度上の前提であり、一定水準の基金の確保は、財政運営上当然に必要なものである」という意見が述べられている。そのことからも、基金の活用は単年度の変動や目的を持ったものであるべきであるが、経常化している団体が少なくならないことは懸念されることである。

### (2) 財政力指数と公共施設保有量

自治体の事務事業は公共施設とセットで考えられているものも多いため、公共施設保有量と財政力指数についてみたのが、図表6-3である。公共施設の保有は、住民の厚生を高めることに寄与する一方、財政をひっ迫させる要因となる。財政力指数が低いほど1人当たり公共施設保有量が高い傾向にある。人口規模と1人当たり歳出でも同様にU字型のグラフが描ける。基準財政需要額の算定に人口規模が影響することから、それを反映する財政力指数においても同様の傾向が生じているとみることもできる。

平均値でみると財政力指数0.8〜0.99をボトムに、徐々に上がり始める傾向が見られる。また、財政力指数1.2を超えると、一人当たり公共施設保有量はボトムである財政力指数0.8〜0.99の自治体の平均値と比較して約2倍となる。財政力指数が高い自治体ほど留保財源分の自由度があると思われるが、地方財政計画で説明したように、現実にはそうとは言えないだろう。さらに、大量の更新を迎える今後において、保有量

図表6－3　財政力指数と1人当たり公共施設保有量

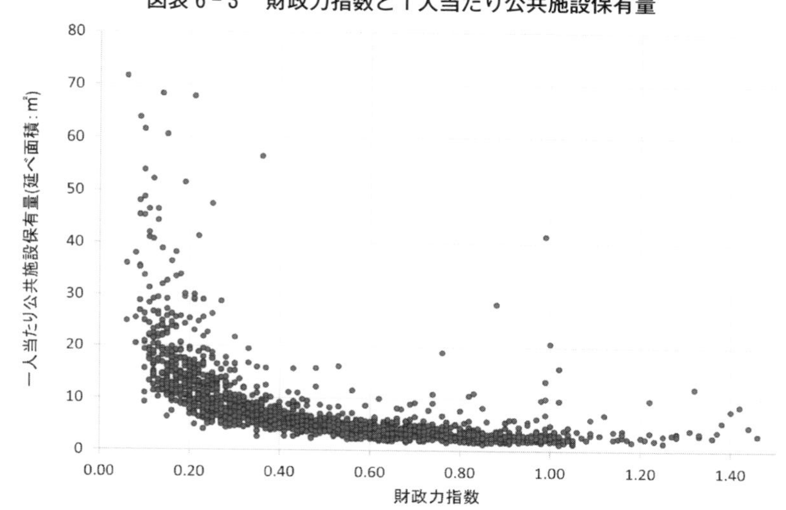


出所：総務省「公共施設状況調」、総務省「決算状況調」を参考に筆者作成

の多さは財政をひっ迫させることになる。

## (3) 必要な公共施設の「整理」

近年の地方財政計画を鑑みれば、今後の地方財政も厳しい状況となるだろう。さらには、新型コロナウイルス感染症により、新たな課題が浮かび上がってきた。新型コロナウイルス感染拡大を受け、各地方自治体でも感染拡大の防止、地域産業の継続のため、財政調整基金の取り崩しや予算の組み換え等が行われている。

本来基金は、このような急務、危機的な状況下において活用されるべきものでもある。さらには、このような事態においても、基金をどのように活用したのか、これまで焦点とならなかったデジタル化への対応といった将来につながる形で有効に使えているのかなど、財政のマネジメント力が試されるところである。ポストコロナの状況においても、3密という状況を避ける必要性が続けば、公共施設のあり方が変わるのは間違いない。さらに、2020年9月の菅新政権誕生により、デジタル庁の創設がアジェンダに挙げられた。デジタル化の進展により、公共サービスのあり方や庁舎のあり方も大きく変わるだろう。

そのようなことから、現状保有している公共施設の整理は必須の課題となる。地方財政の状況から考えても、今後の公共施設の在り方から考えても、投資すべきところは施設の単純な更新等ではなく、機能の見直しによる複合化、多機能化による「縮充」となる。いち早く公共施設ありきの政策から脱却し、サービス面での住民の厚生向上への転換が求められている。財政マネジメント力は財政力指数とは関係ない。日本の地方財政制度において一定の財源保障はされているものの、その中でのやりくりには十分な知恵が必要である。

●執筆者プロフィール

## 南　学（みなみ まなぶ）

東洋大学客員教授
1953年横浜市生まれ。1977年東京大学教育学部を卒業後、横浜市役所に就職。1989年海外大学院留学派遣でカリフォルニア大学（UCLA）大学院に留学（修士）後、市立大学事務局、市長室、企画局を歴任し、2000年静岡文化芸術大学文化政策学部助教授。神田外語大学教授、横浜市立大学教授、神奈川大学特任教授を経て現職。
自治体の経営・マネジメントを研究。
多くの自治体のアドバイザーを務める。
著書に『実践！公共施設マネジメント』（共著、学陽書房、2019年）、『先進事例から学ぶ 成功する公共施設マネジメント』（編著、学陽書房、2016年）、『自治体アウトソーシングの事業者評価』（学陽書房、2008年）、『横浜市改革エンジンフル稼働』（共著、東洋経済新報社、2005年）、『カラー版横浜―交流と発展のまちガイド』（編著、岩波書店、2004年）、『行政経営革命』（編著、ぎょうせい、2003年）など多数。

## 松永　聡平（まつなが　そうへい）

明石市総務局財務室財務担当課長
1977年神戸市生まれ。
1999年神戸大学法学部法律学科卒業。同年、明石市役所に入庁。
明石市職員として介護保険事業、水道事業を担当後、2009年から行政改革担当及び財政健全化担当として行政評価、事務事業の見直し、公共施設マネジメント等に携わり、明石市における施設包括管理委託の導入を主導。
2016年財政健全化室課長に着任。2020年より現職。

**松村　俊英**（まつむら・としひで）
淑徳大学コミュニティ政策学部専任講師
1965年大阪市生まれ。2015年首都大学東京（現東京都立大学）社会科学研究科経営学専攻博士前期課程終了（経営学修士）。1990年早稲田大学政治経済学部経済学科卒業後地方銀行に入行。1992年社団法人日本経済研究センター出向を経て、2003年アドバンストビジネスマネジメント社代表取締役に就任。ABC（活動基準原価計算）システムの開発と導入コンサルティングに従事。2008年株式会社パブリック・マネジメント・コンサルティング代表取締役に就任。地方自治体向け公会計システムの開発と導入コンサルティングに従事。同社退任後、2012年ジャパンシステム株式会社公共事業本部ソリューションストラテジスト（現任）。2016年クロスポイント・コンサルティング株式会社取締役（現任）。
現在、総務省官民競争入札等監理委員会専門委員、早稲田大学パブリックサービス研究所　招聘研究員、前橋工科大学建築学科客員研究員などを務める。
著作等に『先進事例から学ぶ 成功する公共施設マネジメント』（共著、学陽書房、2016年）、『公共施設マネジメントハンドブック』（共著、日刊建設通信新聞社、2014年）、『「基準モデル」で変わる公会計』（編著、東峰書房、2010年）など。

**齊藤由里恵**（さいとう ゆりえ）

中京大学経済学部准教授

1981年福島県郡山市生まれ。

2009年東洋大学大学院経済学研究科博士後期課程修了。博士（経済学）。

2009年徳山大学経済学部講師、2010年徳山大学経済学部准教授、2015年椙山女学園大学現代マネジメント学部准教授を経て、2019年より現職。

専門は、公共経済学、財政学、地方財政論。地方自治体間の格差、公共施設・インフラ（上下水道）の老朽化への対応、あり方について研究。著書『自治体間格差の経済分析』（関西学院大学出版会、2010年）により2011年日本地方財政学会 佐藤賞を受賞。

総務省個人住民税検討会委員、総務省下水道財政のあり方に関する研究会構成員、総務省旧簡易水道事業等の経営に関する研究会委員、愛知県指定管理者等選定委員会委員、北九州市地方港湾審議会委員、北九州市公共事業評価に関する検討会議構成員等。

# 統廃合だけでは対応できない！
# ポストコロナ社会の公共施設マネジメント
## ——庁舎・学校・図書館・公民館・避難所が変わる

2021年2月16日　初版発行

編著者　南　学（みなみ　まなぶ）

発行者　佐久間重嘉

発行所　学陽書房

〒102-0072　東京都千代田区飯田橋1-9-3
営業部／電話　03-3261-1111　FAX　03-5211-3300
編集部／電話　03-3261-1112
http://www.gakuyo.co.jp/

装幀／佐藤博
DTP制作・印刷／精文堂印刷
製本／東京美術紙工


ISBN 978-4-313-12132-4　C3033